$L.b$ 3644.

HISTOIRE

DES

ÉLECTIONS DE 1827 ET DE 1830,

DÉDIÉE

AUX ÉLECTEURS DE 1842,

PAR M. LÉONARD GALLOIS.

(Extrait de l'*Histoire de France*.)

> J'ai vu le nombre de nos ennemis ; leur multitude m'arrache de l'hôtel des Invalides et me ramène au combat. Il faut écrire ; il faut quitter le crayon lent de l'histoire de la Révolution, que je traçais au coin du feu, pour reprendre la plume rapide et haletante du journalisme...
>
> CAMILLE DESMOULINS,
> 1er numéro du *Vieux Cordelier*.

PRIX : 1 FRANC.

PARIS,

AU BUREAU DE L'HISTOIRE DE FRANCE,

RUE NEUVE-MONTMORENCY-DES-PANORAMAS,

ET CHEZ TOUS LES LIBRAIRES DE FRANCE.

1842.

ÉLECTEURS DE 1842,

En rappelant à vos souvenirs les élections de 1827 et de 1830, en vous mettant sous les yeux l'histoire simple et vraie de ces deux grands actes politiques, glorieux pour vous-mêmes ou pour ceux qui étaient alors investis du droit d'élire leurs représentans; en livrant à vos méditations des faits accomplis aux applaudissemens de toute la France, j'ai pensé que les nobles exemples offerts à ces deux importantes époques ne seraient pas perdus pour vous, et que les hauts enseignemens puisés dans nos récentes annales ne tarderaient pas à porter leurs fruits.

En effet, n'est-il pas facile de saisir la complète identité qui existe entre ces deux époques et celle où nous sommes ? Qui ne reconnaîtra les rapports qu'ont entre elles la situation des choses en 1827 et 1830, et les circonstances graves où la France se trouve en 1842? Peut-on nier les liens intimes qui rattachent entre eux les hommes d'alors et les hommes d'aujourd'hui? Changez quelques noms sur les pages tracées il y a quinze ans, et vous aurez aussitôt une édition de ce qui se passe en ce moment; car ces hommes aveugles nous ont ramenés au même point.

En 1827, le ministère Villèle, comme aujourd'hui le ministère Guizot, chercha dans les élections générales les moyens d'inféoder toujours davantage au pouvoir la majorité servile dont il avait disposé jusque là : M. de Villèle, comme le fait aujourd'hui M. Guizot, se servit de tous les moyens imaginables pour disposer à son gré de la *matière électorale*; tout fut mis en œuvre, avec autant d'habileté que de mépris pour la morale publique, afin d'arriver au but que ce ministre contre-révolutionnaire voulait atteindre. Ainsi que le fait en ce moment M. Guizot, M. de Villèle, après avoir préparé de longue main la dissolution de la *Chambre Basse* et dressé toutes ses batteries, ne laissa à l'opposition, pour se préparer au combat, que très peu de jours.

En 1827, le ministère Villèle, aussi impatiemment supporté que l'est aujourd'hui le ministère Guizot, crut se perpétuer au pouvoir en mettant tous ses agens en campagne pour faire nommer ses candidats. « Les préfets, les sous-préfets, les maires, les » procureurs du roi, les percepteurs, les gendarmes, les gardes- » champêtres, ne durent s'occuper que des élections : ils de- » vaient séduire les uns, menacer les autres, et faire en sorte » que le ministère l'emportât, s'ils voulaient conserver leurs pla- » ces. Jamais on n'avait vu tant de servilité, tant d'avilissement, » chez les fonctionnaires : ils allaient chercher au fond de son » village jusqu'au plus obscur des électeurs, et ne le quittaient » plus qu'ils ne fussent assurés de son vote. »

En 1827, M. de Villèle ne manqua pas d'évoquer le fantôme de 93, et d'effrayer les gens timides par l'aspect menaçant de l'anarchie prête à dévorer la France, si les électeurs et les *honnêtes gens* ne l'aidaient à l'étouffer. Lisez les journaux ministériels de cette époque, et vous croirez lire le *Journal des Débats*, le *Messager*, le *Moniteur parisien* d'hier et d'aujourd'hui ; ou plutôt lisez les instructions, les circulaires, les déclarations, les professions de foi du ministère Villèle sur les élections de 1827 ; lisez les diffamations, les injures que les journaux payés par M. de Villèle vomissaient alors contre les libéraux ; lisez encore le rapport au roi qui précéda les célèbres ordonnances du 25 juillet 1830, et vous pourrez vous dispenser de lire les journaux que soudoient aujourd'hui les fonds secrets et beaucoup d'autres fonds puisés dans votre poche, dans la mienne et dans celle de tous les contribuables écrasés : ce sont les mêmes déclamations, contre l'esprit révolutionnaire, les mêmes sophismes débités avec la même mauvaise foi, les mêmes phrases, les mêmes expressions.

- Comme M. Guizot et ses collègues, le *triumvirat* Villèle prodigua l'argent, les faveurs, les places, les promesses de toute nature, les menaces et les caresses, pour séduire les uns, encourager les autres, et corrompre le plus grand nombre :

Mais en 1827, comme en 1842, il y avait encore en France

une opinion publique fortement prononcée contre le ministère dont les émigrés et les congréganistes avaient doté notre belle patrie; et, malgré l'argent et les séductions si mal employés par M. de Villèle, malgré tous ses efforts pour corrompre les électeurs, malgré tous les *tripotages électoraux*, la grande majorité de ces électeurs, que M. de Villèle flattait et insultait à la fois, repoussa le ministère anti-national qui voulait détruire le reste des libertés publiques; et les hommes que protégeait la faction de l'étranger tombèrent aux applaudissemens de trente millions de Français. Ceux qui s'étaient laissé flatter ou corrompre; ceux qui avaient quitté le parti libéral pour aider et soutenir le ministère; ceux qui avaient menti à leur conscience pour conserver leur emploi, restèrent couverts de confusion et de honte : les malédictions de la France les accompagnèrent tous dans leur retraite; car ils sortirent de leurs places par la mauvaise porte. Mais ceux qui avaient repoussé le funeste présent de la sainte-alliance et des congrégations; ceux des fonctionnaires que les menaces n'avaient point intimidés, tous ceux enfin qui avaient voté d'après l'impulsion de leurs sentimens avouables, reçurent, dans la reconnaissance nationale, le prix du service qu'ils venaient de rendre à la chose publique.

Tel fut le résultat de l'abnégation, du courage et du patriotisme dont les électeurs de 1827 donnèrent la preuve éclatante en face d'un ministère qui s'était constamment joué de l'opinion nationale.

Électeurs de 1842, il vous est facile de mériter la même palme civique : unissez-vous contre le *ministère de l'étranger*, contre ce ministère qui opprime et déshonore la première nation du monde, et demain ceux qui veulent vous corrompre, ceux qui vous menacent aujourd'hui, tomberont, comme sont tombés leurs précurseurs, en emportant la haine et les malédictions du peuple.

Ne craignez pas qu'après le ministère Guizot vous n'ayiez à supporter un ministère Polignac : Guizot a dépassé tout ce que la contre-révolution a pu faire peser sur la France d'hommes les plus impopulaires; Guizot est la dernière espérance des ennemis de la liberté, des ennemis de la révolution française, des envieux de la gloire et de la prospérité de la France : après Guizot, il n'est plus possible d'aller au delà (1); et quelle que puisse être la pensée des ennemis du peuple français, il faudra ou que cette pensée fléchisse devant l'opinion que vous allez manifester, ou que nos ennemis tombent de faute en faute dans le gouffre qui doit les dévorer.

Que s'il était possible que l'on pût trouver encore de nouveaux Peyronnet, de nouveaux Bourmont, pour seconder un instant l'Homme de Gand, abandonné par ses collègues actuels, rappelez-vous, électeurs, que les élections de 1830 firent prompte justice du ministère enfanté par Wellington.

Comme M. Guizot le fait aujourd'hui, M. Peyronnet ne négligea rien pour obtenir des élections favorables; comme M. Guizot, il voulut faire *ses élections lui même:* « sa correspondance,
» porte le rapport de M. Bérenger, devient aussitôt d'une ef-
» frayante rapidité : il excite, il aiguillonne les autres ministres,
» ses collègues; il leur dénonce les fonctionnaires timides, afin
» qu'ils soient encouragés, les tièdes afin qu'ils soient admones-
» tés et changés de résidence; et enfin ceux qui paraissent peu
» disposés à voter pour le ministère, *pour que justice en soit*
» *promptement faite.* »

Voyez comme chacun fonctionne dans ce ministère! Ne dirait-on pas le ministère Guizot faisant *ses* élections? « Si, en retour
» de la confiance que le gouvernement lui témoigne, un fonction-
» naire public refusait d'unir ses efforts aux siens, disait M. de
» Montbel, dans sa circulaire adressée aux agens des finances;
» s'il se mettait en opposition avec lui, il briserait lui-même les
» liens qui l'attachent à l'administration, et n'en devrait plus at-
» tendre qu'une sévère justice... »

— « A l'égard des fonctionnaires, ajoutait M. de Peyronnet,

(1) Camille Desmoulins disait de Marat, relativement à ses opinion révolutionnaire, que cet écrivain était le *maximum* du patriotisme, et que cette possession d'état était si bien établie qu'il semblait toujours au peuple qu'au delà de ce que proposait Marat, il n'y avait plus que délire et extravagance. « Au delà de » ses motions, disait Camille, il faut écrire comme les géographes de l'antiquité, » à l'extrémité de leurs cartes : là, il n'y a plus de cités, plus d'habitations; il » n'y a que des déserts et des sauvages, des glaces ou des volcans. » Ce que Camille disait du révolutionnaire Marat peut fort bien s'appliquer, en sens inverse, à l'homme que vous connaissez.

» dans sa circulaire aux préfets, vous me donnerez sur leur con-
» duite des renseignemens confidentiels ; je ne les ferai connaî-
» tre qu'à leurs ministres respectifs, qui pendront à leur égard
» les mesures que leur dictera leur prudence... »

Ainsi, bien avant M. Guizot, le ministère Polignac avait, comme son légataire, organisé le système d'intimidation, de délation et de démoralisation mis en œuvre de nos jours.

— « La commisssion, porte le rapport fait à la chambre des pairs
» sur la mise en accusation des derniers ministres de Charles X ;
» la commission a parcouru cette correspondance de la haute
» administration avec ses agens, et des agens avec l'administra
» tion : le sentiment qu'elle a éprouvé est celui *d'un dégoût pro-*
» *fond, lorsqu'elle a vu le degré de* PERVERSITÉ *du ministère, et le*
» *degré d'*AVILISSEMENT *dans lequel un grand nombre de fonc-*
» *tionnaires sont tombés. Elle n'hésite pas à le reconnaître : c'en*
» *était fait de la morale publique parmi nous, si cet odieux système*
» *se fût prolongé. Qu'il en reste au moins cette grande leçon : que,*
» *tôt ou tard, tous les faits sont connus, tous les actes jugés, et que*
» *celui qui a manqué à sa conscience ou à ses devoirs, finit toujours*
» *par recevoir la punition de sa faiblesse.* »

Qu'en dites-vous, électeurs de 1842, et vous surtout électeurs fonctionnaires, la honte ne vous monterait-elle pas au front, si vous pensiez être au nombre de ces agens de l'administration que M. Bérenger a si fortement stigmatisés? Ne trembleriez-vous pas si un jour on venait proclamer à la tribune nationale que, pour porter un ruban de plus, ou pour obtenir quelque augmentation de traitement, vous avez *forfait à votre conscience ou à vos devoirs envers le pays?*

Croyez-moi, électeurs de la France, croyez-moi, fonctionnaires publics, votez de manière à ne manquer ni à votre conscience intime, ni à vos devoirs les plus sacrés; et l'homme qui vous observe, qui vous flatte ou qui vous menace du geste et de la voix; l'homme qui cherche à vous intimider aujourd'hui, reprendra demain la route de Gand.

Electeurs de la France, n'oubliez pas cette prédiction :

« C'en est fait de la morale publique; c'en est fait des libertés
» achetées par le sang le plus pur de vos frères; c'en est fait du

» crédit, de la gloire, de l'honneur de notre noble patrie, si vous
» ne repoussez en ce jour l'homme que l'étranger nous a imposé,
» l'homme que l'étranger avoue si ouvertement, et dont nos en-
» nemis seuls regretteront la chute. »

Électeurs de **1842**, lisez l'histoire des élections de **1827** et de
1830; lisez et méditez; car ceci n'est point un pamphlet.

HISTOIRE

DES

ÉLECTIONS DE 1827 ET DE 1830,

DÉDIÉE

AUX ELECTEURS DE 1842,

PAR M. LÉONARD GALLOIS.

(Extrait de l'*Histoire de France*.)

SECONDE RESTAURATION DES BOURBONS.

CHAPITRE VI.

(1827.)

Les progrès que les idées libérales faisaient dans toutes les classes n'étaient point un secret pour un ministère qui avait à ses gages toutes sortes de polices, et dont les agens revêtaient toutes les couleurs, prenaient toutes les formes et pénétraient ainsi jusque dans l'intérieur des ateliers et des familles : les ministres savaient très bien que l'opinion du peuple qui travaille de ses mains, des commerçans de tous les étages, des industriels, des hommes de science et de lettres, du barreau, et enfin de tous ceux qui pensaient, était très prononcée contre leur système et leurs projets ; ils savaient que, plus ils travaillaient à étouffer les principes libéraux, plus ces principes se propageaient, et cela en raison inverse des efforts tentés pour les comprimer. Les ministres savaient tout cela, car il aurait fallu être complétement aveugle pour ne pas le voir.

Mais, soit qu'ils fussent trompés par les rapports de leurs préfets, soit que leur amour-propre les portât à s'abuser sur la marche des esprits, ils croyaient fermement de disposer toujours de ce qu'on appelait alors la *matière électorale*. Convaincus que la grande majorité des électeurs à 300 fr. serait toujours disposée à leur prêter appui, ils méprisaient le reste de la population, c'est-à-dire les neuf dixièmes de la nation active. Dans l'opinion du ministere, les électeurs seraient toujours là pour le soutenir, toutes les fois qu'il croirait avoir besoin de retremper la chambre des députés.

Quant à celle des pairs, le gouvernement avait entre ses mains les moyens de changer cette majorité, dont la sagesse avait frappé d'impuissance les lois par lesquelles il voulait faire sanctionner le despotisme et les priviléges ; et ces moyens il allait les mettre en œuvre.

Le ministère se disposait donc à profiter de la prorogation des chambres pour frapper ces grands coups; c'est-à-dire pour rétablir la censure, faire une grande promotion de pairs, renouveler la chambre des députés, et rétablir l'ancien régime.

C'était une entreprise audacieuse, surtout au sortir d'une session dont les résultats avaient été très peu satifaisans pour les hommes de la contre-révolu.ion. Les ministres allaient jouer gros jeu ; mais, habitués à ne point reculer devant ce qu'ils considéraient comme les nécessités de leur position , ils ne balancèrent point à se servir de ce qu'on appelle les coups d'état.

Toutefois, avant de s'engager dans cette voie, le ministère Villèle, ou plutôt le *triumvirat* qui dirigeait les affaires de la monarchie, crut devoir demander à la garde nationale de Paris une manifestation publique de ses sentimens à l'égard du roi, manifestation que les ministres étaient loin de redouter , et dont ils se seraient ensuite servis pour pouvoir dire que les *honnêtes gens* de la capitale étaient pour eux.

Ce fut dans ces vues qu'ils conseillèrent à Charles X d'annoncer à cette garde nationale qu'il la passerait en revue le dimanche 9 avril, jour anniversaire de son entrée à Paris, pour lui témoigner sa satisfaction du zèle qu'elle avait toujours mis à faire le service d'honneur auquel elle était appelée ce jour-l·.

Mais à peine cette convocation fut elle faite, qu'il s'éleva des doutes sur les opinions politiques de cette bourgeoisie armée. En effet, le parti libéral, qui se trouvait en grande majorité dans la garde citoyenne, crut qu'il devait profiter de cette occasion solennelle pour manifester son improbation du système rétrograde que le ministère suivait, et dont les fictions de la monarchie constitutionnelle rendaient les ministres seu's coupab'es aux yeux de la nation. Le parti national se proposait de demander le renvoi de ces ministres impopulaires , et il se flattait de l'obtenir du roi, sans réfléchir que Charles X était lui-même l'homme le plus anti-libéral de tout le royaume.

Aussitôt les journaux même les plus patriotes de l'époque s'effrayèrent du résultat que pouvait avoir une semblable manifestation ; car toute leur opposition de douze ans ne consistait guère qu'en une question de personnes, et tous leurs efforts ne tendaient qu'à rendre le despotisme supportable : les grands principes de la souveraineté du peuple, des droits de l'homme et de l'égalité des citoyens, dormaient alors, mais pour se réveiller bientôt. Les journaux, dis-je, craignirent, non seulement que la garde nationale eût quelque velléité de se montrer séditieuse, mais même qu'elle ne fît entendre des vœux qui pourraient contrarier les penchans ou les affections du roi : ils prirent prudemment le parti de recommander aux gardes nationaux de ne proférer aucun cri séditieux, et s'efforcèrent de retenir l'explosion du mécontentement général.

Mais la garde nationale, comme la France entière, était fatiguée des attaques dirigées contre les libertés publiques, des prétentions du clergé et des tentatives des jésuites ; elle était arrivée au dernier degré d'irritation et de haine contre les ministres et leurs auxiliaires, et elle ne voulait pas laisser passer l'occasion sans faire une démonstration de ses sentimens.

Ce fut dans ces intentions que, dès le matin du 9 avril, les légions de la grande cité se rassemblèrent dans la plus belle tenue et plus nombreuse qu'on ne les avait jamais vues : elles se dirigèrent, dans le meilleur ordre, vers le Champ-de-Mars, où se trouvait déjà une foule immense qui semblait attendre l'événement. Le roi, accompagné de sa famille et suivi d'un brillant état-major, parut enfin au milieu des légions. Il fut d'abord accueilli par les cris de *Vive le roi !* auxquels on ajouta bientôt celui de *Vive la charte !*

Mais quand les légions défilèrent devant Charles X, des rangs de la plupart des compagnies partirent des cris violens de : *A bas les ministres ! à bas les jésuites !* Ce fut en vain que quelques officiers et quelques fonctionnaires voulurent imposer silence à ceux qu'ils appelaient les *factieux*, et qu'ils menacèrent même de faire arrêter tout garde national qui se permettrait la moindre manifestation hostile aux ministres ; le signal donné par les premières légions qui avaient défilé devint contagieux, et le Champ-de-Mars retentit des mêmes cris, et de celui de *vive la charte !* non moins malsonnant aux oreilles de la famille royale qu'à celles des ministres.

Etourdi d'une pareille démonstration, et furieux de ce qu'on eût exposé sa dignité royale à entendre ces vœux révolutionnaires, Charles X prit ce ton insolent qui était dans les habitudes de Louis XIV, et dit à ceux qui criaient : *A bas les ministres ! à bas les jésuites !* « Je suis venu ici pour recevoir des hommages, et » non des leçons, » paroles que les royalistes regardèrent comme l'expression de la plus noble fermeté, mais qui ne purent imposer silence aux légions qui continuaient à défiler devant le roi.

Les choses en seraient probablement restées à ce point, et déjà les journaux du ministère se préparaient à annoncer que la garde nationale s'était montrée toute dévouée au gouvernement, lorsqu'une nouvelle marque de sédition jeta la terreur dans l'ame des ministres. Vers le soir, des légions qui retournaient dans leurs arrondissemens, en passant par la rue de Rivoli et la place Vendôme, firent entendre, sous les fenêtres du ministre des finances et du garde-des-sceaux, les mêmes cris de : *A bas les ministres !* qui avaient déjà été proférés à la revue. Ces nouveaux cris furent poussés avec tant de violence et d'obstination, que le parti offensé les regarda comme des menaces ou des symptômes d'insurrection. Le conseil des ministres fut convoqué aussitôt, et se prolongea fort avant dans la soirée. Il y fut décidé que la garde nationale serait licenciée immédiatement pour la punir de s'être permis de demander le renvoi des hommes de la contre-révolution (1). L'ordonnance du licenciement, rédigée à l'instant même et sans préambule, fut signée par le roi, et contre-signée par le ministre de l'intérieur, chargé de son exécution. Le commandant en chef en reçut communication dans la nuit, et il donna des ordres en conséquence : de six à sept heures du matin, tous les postes qu'occupait cette garde citoyenne furent relevés par la troupe de ligne, en même temps que l'ordonnance paraissait dans le *Moniteur*.

Comme on devait s'y attendre, cette grande mesure politique fut envisagée diversement par les partis, et devint l'objet de la polémique la plus vive. Les amis du gouvernement la proclamèrent légale autant que nécessaire. Il était temps, disaient-ils, que la majesté royale, outragée par des cris qu'on pouvait regarder comme des pétitions séditieuses présentées à la pointe des baïonnettes, imposât silence à ces insolentes clameurs, qui rappelaient les scènes les plus déplorables de la révolution.

Le parti libéral, au contraire, y vit un coup d'état sans exemple comme sans raison, frappé au profit d'un ministère anti-national, couvert de la haine publique, et dont l'ambition déçue, la vanité blessée, obligeaient le roi à embrasser des vengeances odieuses contre une institution qui avait rendu de si grands services à la monarchie, et qui offrait la plus sûre garantie de l'ordre et de la tranquillité publique (2). Ce qu'il y a de certain, c'est que ce coup d'état augmenta le nombre des ennemis du ministère et les irrita davantage, et que le gouvernement y perdit en considération, puisqu'il laissait voir lui-même combien était grand le nombre des mécontens.

De ce moment, le ministère, qui jusqu'alors avait procédé méthodiquement pour arriver à ses fins, oublia les préceptes que Machiavel indique aux princes et à leurs ministres pour établir le despotisme, et se lança dans les moyens violens : le prudent, l'astucieux Villèle sortit de son état flegmatique habituel, perdit son imperturbable sang-froid, et abonda complétement dans les moyens de son fougueux collègue Peyronnet. Ces hommes qui,

(1) L'ordonnance pour la dissolution de la garde nationale, l'un des événemens les plus importans du règne de Charles X, ne fut pas approuvée par tous les membres du ministère : elle ne fut même rendue qu'à la majorité de deux voix, composée de MM. de Villèle, Peyronnet, Corbière, Damas et Clermont-Tonnerre. MM. de Doudeauville, Frayssinous et Chabrol se montrèrent, dit-on, opposans à cette mesure ; M. de Doudeauville envoya même sa démission dès le lendemain.

(2) Il est très probable que si la garde nationale, telle qu'elle se composait alors, c'est-à-dire la bourgeoisie armée, n'eût point été si brutalement licenciée, en 1827, les événemens de juillet 1830 n'auraient jamais pris le caractère d'une grande révolution. Les petits rentiers, les propriétaires, les boutiquiers, qui formaient les quatre cinquièmes de la garde nationale de 1827, sont généralement des hommes trop timorés, trop égoïstes, trop ennemis des révolutions, même de celles qui seraient faites à leur profit, pour se dévouer comme le fait ce qu'on appelle le peuple. Si la garde nationale eût été réorganisée, nul doute qu'elle ne se fût opposée au mouvement populaire qui détrôna Charles X, parce qu'aux moindres troubles cette classe pense plutôt à ces intérêts privés qu'à ceux de la patrie.

pendant plusieurs années, s'étaient efforcés de contenir l'ardeur contre-révolutionnaire des ultra-royalistes; qui ne cessaient de leur crier que, pour arriver plus sûrement au but auquel ils visaient tous, il fallait marcher avec une sage lenteur; ces homme, dis-je, employèrent tous leurs efforts pour précipiter le char de la contre-révolution, et ne rêvèrent plus que mesures extra-légales, que moyens énergiques, que coups d'état. Ils s'étaient placés dans une position telle que, s'ils n'étouffaient pas toutes les libertés constitutionnelles, et s'ils ne déchiraient pas complétement la charte, ils ne pouvaient plus se soutenir au pouvoir. Ambitieux et vaniteux comme ils l'étaient tous, leur choix fut bientôt fait.

Deux jours après la clôture de la session législative, parut une ordonnance sans préambule, mais contresignée par les trois ministres (Villèle, Peyronnet et Corbière), qui déclarait la censure rétablie dans toute sa sévérité. Ce nouveau coup d'état ne surprit personne; il ne fit qu'accroître encore la haine que les masses portaient déjà aux destructeurs de toutes les libertés. On se résigna, dans la conviction que le règne d'un ministère devenu aussi violent dans tous ses moyens de gouvernement ne pourrait plus durer long-temps. Le public se contenta de professer le plus profond mépris pour tous les hommes qui, tant à Paris que dans les départemens, entrèrent dans le personnel des bureaux de la censure, quel que fût le titre dont le ministère cherchât à couvrir leur ignoble métier.

Pendant le peu de mois que dura cette suspension de la liberté de la presse, la censure fit beaucoup de mal, sans produire aucun avantage pour ceux qui l'avaient imposée à la France : la pensée des écrivains indépendans fut constamment mutilée, sabrée, étouffée; plusieurs journaux périrent sous ses aveugles coups; d'autres se réunirent pour former un faisceau qui pût lui résister. Le journal la *France chrétienne* ayant refusé d'insérer un article que les ciseaux des censeurs avaient rendu méconnaissable, fut impitoyablement suspendu, sans autre jugement que celui du bureau de la censure.

Mais, à la longue, il en fut de cette mesure comme de toutes celles qui froissent vivement les intérêts des classes nombreuses : on trouva les moyens de rendre illusoire la peine que se donnaient les censeurs; une sorte d'association politique, de compagnie d'assurance, se forma entre les hommes de lettres indépendans, dans le but de rendre à la publicité les faits que la censure s'efforçait de dérober à la connaissance du public : chacun de ces associés devait reproduire les articles qui avaient été marqués à l'encre rouge; on les réunissait alors en volumes, et on les publiait dans des ouvrages qui, par le nombre de leurs feuilles, étaient au-dessus des atteintes de la censure : par ce moyen le public était mis à même de juger les actes des censeurs; et cette publicité prouva qu'ils étaient aussi susceptibles que maladroits.

Au milieu de tous ces coups d'état, le ministère, accablé sous le poids de la haine publique, cherchait les moyens de donner

quelque satisfaction à l'opinion, quand une occasion favorable
se présenta pour faire un acte agréable à la nation. L'Angleterre
avait déclaré reconnaître l'indépendance de la Grèce, et des démarches avaient été faites à Constantinople pour amener le sultan à accepter la médiation du cabinet de Londres et même de
celui de Pétersbourg pour traiter d'un armistice. Ces démarches
étant restées sans succès, la Porte n'ayant voulu consentir ni à
reconnaître l'indépendance de la Grèce, ni à admettre l'intervention proposée, l'Angleterre pensa qu'il n'y avait d'autre moyen
de forcer le sultan à mettre un terme à l'affreuse guerre qui
désolait le Péloponèse, qu'en formant une alliance européenne,
qui s'occuperait d'abord de vaincre l'obstination du sultan;
et, dans le cas où la Porte n'accepterait pas, dans le délai d'un
mois, la médiation proposée, les cabinets contractans devaient
prendre tous les moyens que les circonstances pourraient sug-
gérer à leur prudence pour obtenir l'effet immédiat de l'armistice, en empêchant, autant qu'il serait en leur pouvoir, tout
froissement entre les parties contendantes.

Telles furent les bases du fameux traité du 6 juillet 1827,
traité qui faillit d'amener une rupture ouverte entre les puissances contractantes et la Porte Ottomane, mais qui servit utile-
ment la cause des Grecs, autant par l'espoir que cet acte leur
rendit d'abord, que par le combat de Navarin qu'il amena, et
duquel résulta la destruction de la flotte ottomane et de celle du
pacha d'Égypte.

L'opinion publique vit avec plaisir le gouvernement français
s'occuper enfin de la guerre du Péloponèse et de la Morée, dont
l'humanité ne cessait de gémir. Malheureusement le traité du
6 juillet ne changea en rien les opinions de la Porte-Ottomane;
elle continua à refuser toute intervention, et répondit aux menaces des puissances alliés par de nouveaux armemens maritimes, et par d'ultérieurs débarquemens de troupes égyptiennes
en Morée.

Cette attitude mit les amiraux anglais, français et russe dans
la nécessité de s'emparer du port de Navarin, afin d'empêcher
les Égyptiens de poursuivre le cours de la guerre d'extermina-
tion qu'ils faisaient aux malheureux Grecs. Ibrahim était alors
dans l'intérieur, et Navarin était occupé par les flottes turque et
égyptienne, composées de trois vaisseaux de ligne, un vaisseau rasé, dix-neuf frégates et une quarantaine de corvettes,
bricks ou brûlots, embossés en fer à cheval dans ce port, objet
de convoitise de toutes les parties.

Les forces des puissances alliées, beaucoup moins considérables sous le rapport numérique, l'étaient infiniment plus par la
force de leurs bâtimens, dont dix étaient des vaisseaux de ligne
et dix de grosses frégates, auxquels ne pouvaient nullement résister la faible artillerie des bâtimens turco-égyptiens. Le signal
ayant été donné pour forcer l'entrée du port, l'amiral anglais,
Codrington, prit la tête de la ligne, et toutes les escadres com-
binées défilèrent à portée de pistolet des batteries de Navarin

sans en être molestées. Ces escadres avaient déjà pris leur poste au travers de celle turco-égytienne, et tout semblait annoncer qu'il ne serait pas brûlé une amorce dans cette occupation, quand un coup de fusil parti, disent les relations officielles, d'un des brûlots turcs, devint le signal du plus terrible combat et du plus affreux carnage dont ces mers aient été témoins. Après s'être défendus avec le plus grand acharnement, les Turcs, voyant qu'ils ne pouvaient résister aux forces européennes, firent sauter tous ceux de leurs bâtimens qui étaient hors de combat : plus de cinquante furent brûlés ou coulés bas par leurs propres équipages, sans que pas un eût amené ses pavillons; aucun navire turc ne tomba au pouvoir des alliés; mais, à sept heures du soir la flotte turco-égyptienne avait cessé d'exister.

Quant aux escadres anglaise, française et russe, elles furent assez maltraitées dans leur mâture; elle perdirent environ deux cents hommes tués, et en eurent trois à quatre cents de blessés; pertes peu considérables en comparaison de celles des Turcs qui furent de six à sept mille hommes.

Le combat de Navarin, proclamé comme une grande victoire par les gouvernemens français, anglais et russe, devint entre les trois cours, le motif d'un échange de complimens, et de faveurs honorifiques accordées aux commandans et aux officiers respectifs de leurs escadres.

Le premier sentiment des populations fut une grande joie qui se manifesta en apprenant que la cause des Grecs, chère à tous les cœurs généreux, allait triompher. Mais quand on connut les circonstances qui avaient amené l'affreux carnage des Turcs, l'opinion publique demanda compte aux gouvernemens du massacre de sept à huit mille hommes par ceux qui s'étaient proclamés les pacificateurs de la Grèce, les apôtres de l'humanité, et qui venaient d'exposer l'Europe à une conflagration générale.

En effet, l'histoire doit flétrir une agression faite en pleine paix et sans autre provocation de la part des Turcs qu'un malheureux coup de fusil tiré peut-être contrairement aux ordres de leur amiral; agression préparée par une sorte de guet-apens formé contre les escadres turco-égyptiennes, et qui, en résultat, ne pouvait pas même être glorieuse pour les flottes des alliés, dont les forces réelles étaient trois fois plus considérables que celle des Turcs. Cependant la victoire de Navarin donna au ministère français le courage de tenter les grands coups qu'il méditait.

La mort du célèbre Canning, de ce ministre dirigeant qui avait pris pour devise : *liberté civile et religieuse pour tous les peuples*, mort déplorable, arrivée au moment où l'Angleterre venait d'entrer dans le système politique le plus large, le plus libéral, fut encore un motif pour pousser le ministère français dans les voies de la contre-révolution. Jusqu'alors le ministère anglais avait servi comme d'un contre-poids à la tendance du cabinet de Charles X; mais cette mort, qui plongea le parti libéral dans la douleur, fut un événement heureux pour ces ministres impopulaires, en ce qu'ils purent espérer un grand changement de système dans le cabinet de Londres.

Ajoutons encore qu'à cette époque la France perdit un de ses plus éloquens orateurs et de ses meilleurs citoyens. Manuel, ce courageux député que la violence avait arraché de la tribune française, où sa puissante voix ne cessait de defendre les libertés publiques et d'accuser les ministres qui travaillaient à les détruire ; Manuel, l'homme sur la tête duquel reposaient tant d'espérances, venait de descendre dans la tombe quand il était encore dans toute la force de l'âge mûr. Le ministère se trouvait ainsi débarrassé d'un ennemi dont la logique serrée l'avait souvent réduit au silence : il crut que la Providence travaillait elle-même à aplanir les difficultés qu'il avait rencontrées jusqu'alors : la tête lui en tourna ; et, dans l'aveuglement où il était sur la véritable situation des esprits, il osa concevoir la pensée de déclarer la charte abolie et la monarchie rétablie sur ses anciennes bases (1).

Ce fut dans ce but qu'eut lieu la réunion de troupes à Saint-Omer, où fut formé, vers le commencement de septembre, un camp de vingt mille hommes : Charles X, accompagné ou suivi des ministres de l'intérieur et de la guerre, et d'un nombreux état-major s'y rendit ; le dauphin y joignit son père, et le prince héréditaire des Pays-Bas s'y présenta aussi pour assister aux grandes manœuvres qui eurent lieu du 10 au 15 septembre. Tout avait été préparé pour exciter l'enthousiasme de l'armée, et les courtisans croyaient que le moment était propice pour exiger de Charles X ce qu'ils n'avaient cessé de conseiller à Louis XVI, tant après la déclaration du 25 juin 1789, qu'après la promulgation de la constitution de 1791. On ne doutait pas que Charles X, appuyé par tant de baïonnettes, ne pût se mettre au-dessus de cette constitution, qui se présentait encore comme un obstacle aux projets contre-révolutionnaires que n'avait jamais abandonnés les chefs de l'émigration : le ministre de l'intérieur et celui de la guerre, qui étaient tous les deux près du roi, celui des affaires étrangères et principalement le garde-des-sceaux, tous hommes de l'émigration ou de 1815, opinaient fortement pour que le roi annulât la charte, et, déclarant que la royauté constitutionnelle était un mensonge, une déception pour tout le monde, il proclamât qu'il allait régner comme avaient régné ses ancêtres, et ramener ce que les vieux ultras appelaient les beaux jours de la monarchie. Le ministre de l'intérieur était prêt à contresigner la déclaration royale ; et celui de la guerre devait la faire appuyer au besoin.

Les autres ministres, plus prudens, craignirent qu'une pa-

____

(1) On a cru long-temps que les bruits répandus à cette époque sur le coup d'état que méditait le roi et son ministère étaient dénués de fondement ; mais il est avéré aujourd'hui que ce plan contre-révolutionnaire a existé, et que s'il n'a pas été mis à exécution en 1827, cela n'a tenu qu'à quelques circonstances indépendantes de la volonté de la cour.

reille résolution ne soulevât la France entière, et M. de Villèle lui-même ne pensait pas que le terrain fût encore assez bien préparé. Il ne voyait point d'ailleurs la nécessié de rompre en visière avec les hommes qui tenaient encore au gouvernement représentatif; il objectait que ce gouvernement était le plus approprié aux idées de l'époque; qu'il avait, pour la royauté et pour les dépositaires du pouvoir, tous les avantages des gouvernemens absolus sans en avoir les dangers : il en citait pour preuve la majorité dont il disposait dans la chambre des députés depuis les élections de 1824, majorité qui avait toujours été au-devant des désirs du gouvernement, sans être arrêtée ni par la charte ni par l'opinion publique. M. de Villèle opinait donc pour qu'on laissât les choses au point où elles étaient : il représentait qu'en attirant à lui, par quelques concessions, tous les royalistes qui formaient la contre-opposition, lesquels ne pouvaient vouloir autre chose que ce que le roi voulait, il rendrait formidable la majorité ministérielle, et qu'alors les criailleries de l'opposition libérale n'empêcheraient rien de ce qu'il plairait au gouvernement de proposer. Que si la fusion des deux partis royalistes ne pouvait s'opérer, alors on en appellerait aux colléges électoraux; et qu'en alarmant les électeurs sur les progrès des principes révolutionnaires, le gouvernement arriverait à faire écarter et les libéraux et les royalistes qu'il voudrait éliminer de la chambre élective.

Quant à celle des pairs, M. de Villèle ne s'inquiétait pas sérieusement de l'opposition que le ministère y avait rencontrée : à ses yeux cette chambre se réduisait à une question de chiffres : « Si nous y sommes en minorité, disait-il, nous userons du droit qu'a la couronne de faire de nouvelles promotions de pairs, et nous en ferons entrer tant de nouveaux et de sûrs que nous réduirons la majorité à n'être plus qu'une faible minorité (1). »

M. de Villèle avait raison : dès que le gouvernement possédait les moyens de corrompre, d'acheter ou de séduire la plupart des députés, et ceux d'altérer l'esprit de la chambre héréditaire; dès qu'il pouvait s'assurer de l'appui invariable de la majorité des deux chambres, le gouvernement représentatif n'était plus qu'un leurre, qu'un mensonge, et le roi régnait aussi despotiquement que pouvaient le désirer les courtisans et les ministres; car on était sûr de faire sanctionner par le corps législatif tout ce qu'il conviendrait au gouvernement de proposer dans ses intérêts.

Les conseillers de la couronne se rendirent aux objections de M. de Villèle, et le grand coup d'état fut ajourné jusqu'à ce que les circonstances le rendissent nécessaire (2):

On s'arrêtera alors à la dissolution de la chambre des députés,

---

(1) Ces moyens rapellent ceux que Pascal reprochait à ses adversaires : « Nous ferons entrer tant de cordeliers, tant de cordeliers qu'à la fin nous l'emporterons; car il est plus facile de trouver des cordeliers que de bonnes raisons. »

(2) Chacun sait comment il fut tenté en juillet 1830, et quel fut le résultat de cette audacieuse résolution.

et à la convocation immédiate des colléges électoraux pour qu'ils eussent à s'occuper de nouvelles élections devenues nécessaires : et quant à la chambre des pairs, on prépara de nombreuses promotions. Le ministère tint ce grand travail secret; il voulait surprendre le parti libéral et enlever les élections avant que les électeurs patriotes se fussent mis en état d'exercer leurs droits. Quand il crut être en mesure de s'emparer de la *matière électorale*, il promulga tout à coup la fameuse ordonnance du 5 novembre qui dissolvait la chambre des députés , convoquait les colléges électoraux d'arrondissemens pour le 17 du même mois, ceux des départemens pour le 24 , et fixait l'ouverture de la prochaine session au 5 février 1828. Le même jour parut la liste des présidens de colléges, c'est-à-dire, des hommes sur lesquels le ministère appelait hautement la faveur des électeurs : on n'y voyait figurer que les députés sortans les plus dévoués , les plus incarnés au ministère. Une autre ordonnance du même jour élevait à la dignité monarchique de pair de France soixante-seize députés ou militaires ou membres des conseils généraux , appartenant tous à la nuance royaliste ministérielle la plus prononcée , et parmi lesquels se trouvaient cinq archevêques.

Après avoir ainsi signifié ses volontés , le ministère qui , suivant l'expression de M. de Villèle, voulait jouer *cartes sur table* supprima la censure.

Il faut se reporter à cette époque, où les partis étaient si fortement prononcés, pour se faire une idée de l'impression que produisirent ces mesures, qui sont toujours des plus extrêmes dans le système monarchique constitutionnel ; la France entière s'émut : et comme les dix-neuf vingtièmes de la nation professaient des opinions libérales, on chercha à deviner quels motifs avaient poussé le ministère vers des élections qu'il devait redouter. Il était facile de pénétrer ces motifs : le ministère, craignant d'éprouver de nouvelles défections de la part des députés de l'extrême droite ; avait senti le besoin de se refaire une majorité sur laquelle il pût compter pendant les sept années qui lui étaient nécessaires pour consolider son système et arriver à ses fins : et, comme malgré les rapports des préfets, le gouvernement apercevait les progrès toujours croissans des idées libérales, il s'était décidé à courir immédiatement les chances de nouvelles élections générales, persuadés qu'elles lui seraient moins favorables deux ans plus tard.

Cela fut même avoué par les organes des ministres. « En parlant de l'appel fait aux élections générales , disait le *Moniteur*, nous éviterons d'employer le mot de *dissolution* , parce que dans la langue des journaux on attache à ce mot un sens plus expressif que dans le langage constitutionnel de l'ordonnance. En effet, la liste des présidens de collège prouve que la couronne, en présentant les anciens députés par la candidature royale à la réélection populaire, demande au pays des garanties de durée pour un systéme conservateur bien plus que des changemens aventureux. »

L'aveu était naïf ; le ministère n'exigeait autre chose des électeurs que de renvoyer à la nouvelle chambre les trois cent trente-deux présidens de colléges qu'il leur présentait sous le patronage de la candidature royale : quant au reste des députés, c'est-à-dire à cette centaine qu'il n'avait point désignés, il s'en rapportait au zèle de ses préfets et de ses agens qui, aux moyens de corruption que possédait le gouvernement, devaient ajouter les séductions ou les menaces suivant les cas . . . .
. . . .
. . . .
. . . .
. . . .

Cette tactique déloyale fit jeter les hauts cris aux journaux : à peine rendus à la liberté, ils se déchaînèrent avec plus de violence que jamais contre le système d'oppression sous lequel ils avaient gémi durant plusieurs mois : ils attaquèrent le ministère dans ses actes comme dans ses intentions : le licenciement de la garde nationale parisienne ; le rétablissement de la censure ; les difficultés survenues avec le dey d'Alger ; celles plus graves encore, qui étaient résultées du combat de Navarin, lui furent amèrement reprochées.

Les mesures récentes devinrent encore l'objet des discussions les plus animées : on disait que le ministère avait voulu avilir la chambre des pairs en y jetant, à côté de quelques noms illustres, une foule d'hommes obscurs qui ne s'étaient fait connaître que par l'appui qu'ils avaient prêté à tous les projets de loi liberticides et anti-nationaux que le ministère avait enfantés ; on contestait au roi le droit de créer des pairs en nombre illimité, et surtout de déroger à l'ordonnance de 1827 relative aux majorats. Enfin on menaçait les ministres de les mettre en accusation pour infraction à la charte et aux lois constitutives.

Quant à la dissolution de la chambre des députés, les libéraux étaient bien loin de s'en plaindre, car ils la regardaient comme une preuve d'aveuglement de la part du ministère, et comme l'heureux présage de sa chute prochaine ; mais ils lui reprochaient de ne l'avoir annoncée qu'au moment même où l'on devait procéder aux élections ; et cela dans le but de surprendre les libéraux ; car il était impossible que ceux des électeurs à qui l'autorité voudrait contester leurs droits, eussent le temps de se pourvoir contre ce déni de justice.

Ce reproche de déloyauté le ministère l'avait bien encouru ; il avait tout combiné pour repousser la plupart des nouveaux électeurs libéraux des colléges. Mais ces ténébreuses machinations échouèrent devant le patriotisme que les jeunes électeurs montrèrent dans cette grande circonstance. Quelques jours suffirent aux chefs du parti libéral pour se former en comité, stimuler le zèle des électeurs, dresser les listes des candidats : chacun prit à tâche de remplir ses devoirs civiques ; et comme le parti libéral s'était beaucoup étendu dans les classes moyennes, toutes les in-
pratiquées par les agens du gouvernement échouèrent

contre le bon sens national. Les électeurs libéraux arrivèrent aux collèges comme a une bataille décisive.

De son côté le ministère, qui croyait renouveler l'épreuve des élections générales de 1824, dont la liste de ses présidens reproduisait la candidature, avait mis tous ses agens en campagne : les préfets, les sous-préfets, les maires, les procureurs du roi , les gendarmes , les gardes-champêtres avaient été chargés de ne s'occuper que des élections : ils devaient séduire les uns, menacer les autres, et faire en sorte que le ministère l'emportât, s'ils voulaient conserver leurs places. Jamais on n'avait vu tant de servilité, tant d'avilissement chez les fonctionnaires ; ils allaient chercher au fond de son village jusqu'au plus obscur des électeurs, et ils ne le quittaient pas qu'ils ne se fussent assurés de son vote.

Les colléges s'assemblèrent enfin, et le nombre des votans s'y montra beaucoup plus considérable qu'à aucune autre époque. Le ministère commença à être inquiet sur le résultats des élections. Mais il n'y avait plus à reculer ; il lui fallut attendre avec anxiété les suites d'une mesure au succès de laquelle était désormais attachée son existence politique. Ce résultat ne fut pas long-temps douteux à Paris.

Dans cette grande capitale, où les passions politiques plus concentrées se mettent en ébulition au moindre contact entre elles, tout fut en mouvement le jour de la formation des bureaux. Le dépouillement du premier scrutin assura le renversement de tous les bureaux provisoires ; aucun des scrutateurs ministériels ne fut maintenu dans les fonctions que les présidens leur avaient confiées : ce fut le signal d'une défaite pour le gouvernement.

En effet, le lendemain, les noms sortis de l'urne électorale, au premier tour de scrutin, furent ceux de MM. Dupont de l'Eure, Jacques Laffitte, Casimir Périer, Benjamin-Constant, de Schonen, tous connus comme chefs du parti libéral ; et Royard-Collard, Ternaux, Louis, qui s'étaient vivement prononcés contre les infracteurs de la charte. Le parti national obtint un triomphe complet ; car sur sept mille huit cents votans, il eut pour lui six mille six cent quatre-vingt-dix bulletins, c'est-à-dire les cinq sixièmes : le ministère n'avait pu réunir qu'un millier de voix.

Grande fut la consternation du parti ministériel, car il y avait pour ses patrons un précipice au bout des élections. Cependant il espérait encore que les électeurs de la province se montreraient moins hostiles. En effet, les élections y furent plus disputées qu'à Paris ; mais le résultat n'en fut pas moins tout en faveur du parti national. Là reparurent, avec les députés qui venaient de soutenir la lutte dans les dernières sessions, le plus grand nombre des patriotes que les élections de 1824 avaient éloignés : les La Fayette, les Chauvelin, les Etienne, les Bignon et plusieurs autres noms recommandés aux suffrages des électeurs par le parti libéral furent rendus à la représentation nationale, où arrivèrent aussi les de Pradt, les Dupin, les Mauguin et une foule de nouveaux candidats patriotes. Le ministère eut encore le chagrin de n'avoir pu faire écarter les chefs de l'opposition de droite, qui étaient pour lui des ennemis aussi détestés que les libéraux : à peine s'il put obtenir, dans les arrondissemens, le tiers des candidats qu'il avait présentés : plusieurs des orateurs ministériels qu'il avait particulièrement recommandés ne purent être réélus : MM. Vaublanc, Dudon, Cornet-d'Incourt, de Saint-Chamans, etc., etc., furent écartés par la majorité des électeurs, et, chose plus étonnante encore, le garde des sceaux, Peyronnet lui-même, échoua également à Bordeaux et à Bourges.

Aujourd'hui que tous ces triomphes sont appréciés à leur juste valeur, on aura de la peine à comprendre la joie que laissa éclater le parti libéral quand, à chaque courrier qui arrivait, à chaque divulgation du télégraphe, il apprenait un succès pour la cause qu'il défendait : alors toute la population se mit sur pied ; les cloches sonnaient, les acclamations populaires frappaient les airs ; on entendait partout les cris de *Vive la charte! vivent nos députés!* on était dans l'ivresse. Le soir toutes les fenêtres furent illuminées spontanément, surtout dans les quartiers commerçans et populeux.

Jusque là tout s'était passé dans le plus grand ordre. Mais, dans la même soirée, le peuple, qui ne sait pas régler ses démonstrations sur le compas de la police, se réunit en troupes nombreuses, et parcourut la ville en criant d'illuminer à ceux qui n'avaient pas mis de lampions ; il jeta même des pierres contre les fenêtres de quelques maisons habitées par des ministériels connus, et voulut les forcer à prendre part à la joie générale. Il s'ensuivit quelques désordres, que la police eût pu facilement réprimer, mais qu'elle laissa se renouveler dans d'autres quartiers.

Le ministère était trop heureux, dans sa défaite, que le peuple de Paris n'eût pas su mettre un frein à sa joie ; il était trop heureux de pouvoir dire aux électeurs des grands colléges que les excès révolutionnaires allaient se renouveler, si les libéraux triomphaient : aussi travailla-t-il à tirer tout le parti possible de ces manifestations bruyantes, qui auraient passé inaperçues en Angleterre. Au lieu de chercher à calmer les esprits, il envoya sur les lieux des soldats, et principalement cette gendarmerie que le peuple haïssait mortellement. Les patrouilles furent accueillies par des huées et des cris *A bas les gendarmes!* et pour se mettre à l'abri des baïonnettes, le peuple éleva deux ou trois barricades au moyen d'échafaudages de maisons qui étaient en construction dans la rue Saint-Denis. « Tout cela eut lieu, porte la déposition d'un témoin, sans aucune opposition de la part de la police ; tout cela eut lieu au milieu d'un public nombreux, et avec une si grande sécurité qu'on aurait dit *que cela se faisait comme à l'entreprise*[1]. »

Quand l'autorité sut que le peuple s'était ainsi compromis, elle dirigea de forts détachemens à pied et à cheval sur les rues où se trouvaient les plus grandes réunions : on distribua des cartouches, on fit marcher les troupes en colonnes ; et quand les déta-

____
(1) Instruction judiciaire.

chemens furent arrivés devant les barricades, les chefs qui les commandaient firent faire feu sur le peuple, qui, se voyant traité en ennemi, se défendit un instant à coups de pierre et finit par chercher à se soustraire aux balles par la fuite. Alors les peletons de gendarmerie se répandirent dans les rues voisines, chargeant les groupes qui ne pouvaient fuir, et frappant à coups de sabre et de baïonnette les citoyens que la curiosité avait attirés sur les lieux. Ce ne fut qu'un cri d'indignation contre cette force brutale et aveugle qui agissait ainsi. Beaucoup de plaintes furent portées le lendemain devant les tribunaux. Les députés qui venaient d'être élus dans la capitale crurent de leur devoir, au défaut des magistrats qui n'agissaient pas, de se rendre auprès du président du conseil des ministres pour le prier de prendre les mesures nécessaires afin de garantir les citoyens de pareils excès; ce qui leur fut promis.

Mais au lieu d'employer des moyens propres à contenir dans de justes bornes la joie populaire, l'autorité fit des dispositions qui devaient amener une collision. Dès la fin du jour, le commandant de la place réunit de grandes masses de troupes et les tint prêtes à marcher : les instructions du ministre de la guerre portaient : « qu'il fallait que force restât à la justice, que l'autorité du roi triomphât et que les soldats eussent raison de ses ennemis. »

Les illuminations ayant reparu, de nouveaux groupes se formèrent dans les rues, et les barricades de la veille furent relevées sans aucun obstacle de la part de la police. Les troupes marchèrent alors en colonnes et ayant en tête des commissaires de police. L'un de ces commissaires voulut faire tirer sur le peuple; mais le chef de bataillon Deshorties s'y refusa, en lui disant qu'il n'avait point d'ordre à recevoir des agens de la police. Le capitaine Dabbadie répondit à une pareille invitation, *qu'il ne voulait pas échanger des balles contre des pierres* [1]. Les barricades furent enlevées et détruites sans effusion de sang, car ceux qui les avaient élevées n'étaient point les ennemis du gouvernement; on les appelait alors *agens provocateurs*.

Mais il n'en fut pas de même d'une autre barricade établie à l'entrée de la rue Grenétat, sur laquelle avait été dirigé le colonel du 18ᵉ de ligne avec un des plus forts détachemens de troupes. A peine arrivé, ce colonel, qui entendit les pétards que le peuple tirait en signe de réjouissance, fit faire un feu de peleton qui mit le désordre parmi les promeneurs et les curieux. Marchant ensuite sur la barricade du Grand-Cerf, ce même colonel continua à commander le feu, et répandit la consternation dans toute la ville [2].

« On ne saurait peindre avec trop d'énergie l'impression que

---

(1) Cette réponse mérite d'être conservée comme un exemple de modération fort rare chez les chefs militaires, toujours portés à employer les moyens extrêmes contre leurs concitoyens.

(2) Le nom de ce colonel Fitz-James doit être flétri par l'histoire. Déserteur de

ces événemens produisirent dans la capitale , dit un historien contemporain , des plaintes, des cris unanimes s'élevèrent de toutes parts, et surtout dans les journaux, contre la police, qu'on accusait hautement d'avoir excité et soudoyé cette insurrection, pour faire croire au retour d'une révolution prochaine, jeter sur les élections de la capitale et sur les habitans un vernis défavorable , épouvanter les électeurs des provinces , et détourner les choix hostiles au ministère. »

Cette accusation parut d'autant plus fondée que l'on n'avait pu arrêter aucun citoyen les armes à la main, et que, quelque soin que mît la cour royale à approfondir cette affaire, il ne résulta autre chose de l'instruction qui eut lieu, sinon que des décharges de mousqueterie et des charges de cavalerie avaient été faites dans les rues sur des passans inoffensifs, sur des curieux ou sur des jeunes gens qui s'amusaient à tirer des pétards ; et enfin que des coups de fusil avaient été tirés aux fenêtres mêmes sur des femmes. Pour se défendre, l'autorité prétendit qu'il avait été tiré des coups de feu sur la troupe, et que des pierres avaient été lancées des fenêtres : le premier fait fut complément démenti, et les perquisitions de la police elle-même ne purent établir le second.

En conséquence, toutes les personnes arrêtées , au nombre de plus de quatre-vingts, furent, au grand désappointement de la police , rendues à la liberté, « attendu , dit le dispositif de la cour royale, qu'il n'existait contre aucun d'eux des charges suffisantes.» Les plaintes portées contre des militaires pour avoir donné ou autorisé les coups de feu , de sabre ou de baïonnette, furent aussi écartées , soit parce que les coupables n'avaient pu être connus, soit parce qu'ils pouvaient être dans le cas de légitime défense.

Il en fut de même des poursuites dirigées contre le directeur de la police, Franchet, et contre le préfet, Delaveau , attendu, était-il dit, qu'il n'existait au procès aucune indice d'une participation quelconque aux faits qui avaient donné lieu à la poursuite, et parce que la cour ne pouvait examiner ou apprécier les mesures administratives qu'ils avaient ordonnées qu'autant qu'elles auraient été prescrites dans une intention criminelle ; ce que rien n'indiquait.

La cause et l'objet de ces mouvemens, comme de l'emploi de la force, restèrent donc couverts d'un voile impénétrab'e ; ce qui fournit à chaque parti les moyens de s'accuser réciproquement. Les journaux du ministère ne cessaient de les attribuer aux doctrines révolutionnaires répandues par l'opposition liberale ; celle-ci se défendait, en répétant sans cesse que la sédition avait été

l'armée nationale en 1815, il ne dut ses grades qu'à son extrême exaltation contre-révolutionnaires : on se rappelle encore dans le département de l'Ariège ses ordre du jour. Depuis lors il avait fait tirer sur les habitans du Mans dans une émeute excitée par la disette : à Paris, il fit faire feu sur le peuple , sur des citoyens inoffensifs qui tiraient des pétards pour célébrer le résultat des élections. C'était l'homme aux *coups de collier*, qu'il exécutait toujours à coups de fusil. Le juste-milieu lui avait donné un commandement en Algérie.

provoquée par les manœuvres du parti qui, se voyant vaincu dans les colléges d'arrondissement, avait intérêt à faire croire que la révolution allait renaître avec ses fureurs, afin d'effrayer les électeurs des grands colléges et de détourner les nominations que le ministère redoutait.

On ne peut mettre en doute que les ministres ne se soient servi puissamment du fantôme de la révolution pour porter la terreur dans les départemens, et ce moyen leur réussit parfaitement. Sur la foi des relations ministérielles qui envenimaient tout, les électeurs éloignés de Paris conçurent les plus vives alarmes; et leurs dispositions se trouvèrent paralysées : ce fut ainsi que le ministère obtint la plupart des nominations des grands colléges, et que reparurent des noms fameux, repoussés dans les arrondissemens, le gouvernement ayant mieux aimé favoriser la nomination des membres de l'opposition de droite, qu'il avait combattue dans les arrondissemens, que de s'exposer à voir arriver d'autres libéraux.

En résultat, les élections des grands colléges donnèrent aux royalistes les trois quarts de leurs candidats (1); mais tous ne furent pas ministériels. Néanmoins les journaux du gouvernement se réjouirent à leur tour, et les ministres reprirent cette confiance en eux-mêmes qu'ils avaient perdue quelques jours auparavant.

La victoire paraissait donc encore indécise : les libéraux ne doutaient pas que le ministère ne dût se retirer devant la nouvelle chambre; mais les ministres faisaient proclamer que la *couronne* aurait une grande majorité dans les deux chambres. Il fallut attendre leur réunion pour savoir qui de l'opposition ou des ministres l'emporterait : ceux-ci, malgré l'assurance qu'ils affectaient, songèrent sérieusement à ramener à eux les membres de l'opposition de droite; mais leurs avances restèrent sans succès.

Tout le mois de décembre se passa en querelles, en injures, en menées ouvertes ou secrètes : la guerre continua avec plus d'acharnement que jamais entre les journaux de l'opposition, dont le résultat des élections avait considéralement accru l'influence, et les feuilles ministérielles, qui signalaient avec aigreur la puissance du *journalisme*, et qui faisaient des vœux pour qu'on le mît hors d'état de troubler le repos de leurs patrons. On a assuré qu'il avait été plusieurs fois question, dans les conseils que les ministres tenaient, du rétablissement de la censure; mais M. de Villèle s'opposa à cette mesure extrême, qui aurait pu avoir des dangers dans la situation; et celui qui voulait jouer *cartes sur table*, employa l'immense intervalle laissé entre les élections et l'ouverture de la session, à attirer à lui le plus grand nombre possible des membres regardés comme douteux

---

(1) La capitale, moins effrayée que les départemens éloignés, continua à nommer des libéraux; pas un seul ministériel ou royaliste ne put s'y faire élire, et la majorité, dans les grands colléges, fut aussi forte que dans ceux d'arrondissement. Les départemens, si patriotes, de l'est de la France, en firent autant.

et que l'on savait pouvoir gagner avec des places, des rubans ou de l'argent.

Mais le tocsin des élections avait sonné la dernière heure de ce ministère si adroitement et si audacieusement contre-révolutionnaire : la nation s'était réveillée ; elle avait ouvert les yeux sur les projets des hommes de Coblentz ou de 1815, et le ministère qui avait si long-temps pesé sur la France, qui avait voulu la démoraliser, devait tomber devant la manifestation de la puissance nationale.

———

CHAPITRE VII.

(1828.)

Quelque confiance que le ministère affectât d'avoir dans le résultat des élections, il est évident pour tout le monde qu'elles devaient amener à la chambre des députés une majorité qui lui serait hostile : en vain se débattait-il encore par des distinctions subtiles contre l'évidence de sa défaite ; les premières réunions de députés qui se formèrent à Paris ne laissèrent plus aucun doute sur la situation dans laquelle le ministère allait se trouver vis à vis des nouveaux élus. Il put se convaincre dès lors qu'il avait contre lui non seulement la société de la rue Grange-Batelière, composée de 150 à 160 membres du côté gauche ou du centre gauche, mais encore la fraction Agier, que les écrivains du gouvernement nommaient la *défection royaliste*, fraction qui s'était détachée du ministère à l'époque du renvoi de M. de Châteaubriand, et qui depuis lors n'avait cessé de demander la charte avec toutes ses conséquences, et la liberté de la presse comme une nécessité politique.

De ces deux réunions également hostiles au système, la première, celle des libéraux proprement dits, était devenue une puissance tant par le nombre de ses membres que par la grande popularité des journaux qui étaient l'organe de ses principes et des garanties exigées par ce parti ; la seconde, quoique infiniment moins nombreuse, puisqu'elle ne comptait qu'une trentaine de députés, n'en était pas moins redoutable pour le ministère, parce qu'elle se composait d'hommes qui avaient rendu de grands services à la monarchie, et parce qu'elle disposait du *Journal des Débats*, plus redouté par les ministres que les journaux franchement libéraux.

Ainsi ce ministère avait déjà contre lui près de cent quatrevingt-dix voix, qui toutes ne voulaient plus ni de lui, ni de son système, et dont la plupart parlaient de le mettre en accusation.

A cette opposition coalisée, il fallait ajouter en outre celle de l'extrême droite, qui voulait la chute du ministère à tout prix, mais par des causes fort différentes. Ici ce n'était point précisément la question des principes qui l'avait aigrie contre M. de Villèle : M. de Labourdonnaye et ses amis reprochaient bien au ministère le mauvais usage qu'il avait fait de la censure; ils admettaient même la liberté de la presse, avec des lois fortement répressives; mais ils en voulaient à ce ministère de ce qu'il avait fait des concessions à l'esprit révolutionnaire; de ce qu'il avait hésité à faire la guerre d'Espagne, et surtout d'avoir reconnu l'indépendance d'Haïti et celle des Grecs, qui, à leurs yeux, n'étaient tous que des esclaves révoltés contre leurs maîtres légitimes. Toutefois, cette opposition royaliste, brouillée avec le ministère parce qu'il ne s'était pas tenu dans la ligne contre-révolutionnaire qui lui avait été tracée en arrivant au pouvoir, revenait à la chambre, après les nouvelles élections, très alarmée du succès des libéraux, et bien décidée à s'opposer à leur triomphe, pourvu que le ministère lui sacrifiât le président du conseil. Ce n'était donc guère qu'une opposition de personnes, qu'une affaire de portefeuilles.

Pendant que chaque réunion s'occupait à formuler son programme, le ministère ne restait pas inactif : ses amis recrutaient tout ce qu'ils apercevaient de députés douteux, d'ambitieux, de quêteurs de place; et, à force d'offres, de promesses et même d'argent, ils étaient parvenus à reconstituer, du moins en grande partie, l'ancienne majorité : le ministère possédait encore cent vingt ou cent trente députés dévoués, qui formaient la société *Piet*, et sur lesquels il pouvait compter en toute circonstance. Il ne lui était donc pas impossible de ressaisir une majorité quelconque en transigeant avec les membres de la défection royaliste et ceux de l'opposition de droite qui tous se montraient effrayés des progrès du libéralisme. Il fut donc fait des offres aux chefs de ces partis : on proposa aux uns de les admettre dans les hauts emplois, en éloignant les titulaires le plus en butte aux attaques de ces partis; aux autres, on leur promit de marcher d'une manière plus conforme à leurs vues : en un mot, le ministère se montra disposé à faire bien des concessions, pourvu qu'on lui promît une majorité assez forte pour pouvoir lutter contre le parti libéral.

Mais, soit que ces concessions parussent trop tardives, ou qu'elles inspirassent peu de confiance, ou enfin qu'elles trahissent trop de faiblesse, elles ne furent agréées par aucune fraction de la future chambre; et chacune d'elles, bien convaincue que le ministère allait succomber, s'apprêta à recueillir ses dépouilles.

Le fougueux Labourdonnaye et ses amis de l'extrême droite se mirent à crier qu'on avait fait trop de concessions à l'esprit révolutionnaire et que la monarchie était perdue si elle ne se jetait dans les bras d'hommes assez fermes pour ne pas se laisser intimider par les menaces des libéraux. De son côté, le tiers-parti, celui désigné sous la dénomination de royalistes de la défection, ne cessait de faire répéter par ses organes qu'il était temps de s'arrêter sur la pente contre-révolutionnaire où les ministres se trouvaient lancés : il disait qu'il fallait fermer le gouffre sur les bords duquel M. de Villèle avait placé la monarchie, et qu'on ne pouvait le combler qu'en faisant quelques concessions à l'opinion publique. Quant aux libéraux, comme le terrain ne leur paraissait pas encore assez préparé pour leur faciliter l'arrivée au pouvoir, ils n'eurent aucune prétention aux portefeuilles que les autres partis se disputaient : tout ce qu'ils désiraient c'était le renversement des hommes qui avaient doté la France de tant de mauvaises lois, et qui avaient voulu lui en léguer de plus mauvaises encore. Sans appuyer aucune des fractions qui se croyaient appelées à la direction des affaires publiques, ils penchaient pour le tiers-parti comme devant amener quelque amélioration à l'état des choses.

Un mois se passa encore dans l'incertitude : il fut employé en intrigues qu'il répugne à l'historien de développer, et dont il ne fait mention que parce qu'elles sont le miroir fidèle d'une époque où chaque parti s'efforçait de masquer le but vers lequel il marchait, où chaque homme se mêlant d'affaires politiques ne laissait jamais voir toute sa pensée ; de cette époque, où tout le monde se retranchait derrière cette charte dont personne ne voulait ; de cette époque enfin que l'on a depuis si justement appelée la *comédie de quinze ans*. Tous les yeux étaient alors fixés sur ce qui se passait dans l'intérieur des Tuileries : on s'occupait avec anxiété des visites que le roi recevait ; des conseils que les ministres tenaient ; du plus ou moins d'assurance ou de satisfaction que chacun d'eux laissait apercevoir en sortant du cabinet de Charles X : on calculait la durée de l'audience que tel personnage avait eue du roi, et on en tirait des indices sur les résolutions du chateau : la bourse, la banque, le public étaient dans l'anxiété.

Tout à coup le bruit se répand que le conseil de cabinet, tenu au lever du roi, n'avait pas duré autant qu'à l'ordinaire ; que les ministres n'en étaient pas sortis ensemble ; que celui de la marine (M. de Chabrol) était resté le dernier, et qu'il était même retourné plusieurs fois dans la journée chez le roi. On en tira la conséquence que le ministère Villèle n'existait plus, et que M. de Chabrol était chargé d'en composer un autre.

C'était le 3 janvier que l'on avait eu connaissance de ce que l'on appelait alors un grand événement, et le surlendemain parut en effet l'ordonnance, si impatiemment attendue, portant organisation d'un nouveau ministère un peu moins contre-révolutionnaire. Le roi appelait à la justice M. Portalis, pair de France, qui s'était rendu agréable aux libéraux par son rapport sur la pétition de M. Montlosier ; M. de Laferronays, ambassadeur en Russie, était porté aux affaires étrangères ; on le regardait comme un homme capable et loyal ; M. Decaux, membre de la chambre des députés, entrait au ministère de la guerre ; mais il n'en avait que l'administration, le dauphin s'étant réservé le personnel et la présentation aux emplois vacans dans l'armée ; M. de Martignac, directeur-général de l'enregistrement, homme d'esprit et de mœurs douces, était nommé ministre de l'intérieur ; mais on détachait de ce ministère le commerce et les manufactures, dont on en faisait un spécial que le roi donnait à M. de Saint-Cricq. Le portefeuille des finances passait entre les mains de M. Roy, jouissant alors d'une belle réputation financière, et qui avait fait de l'opposition contre le ministère Villèle.

Il ne restait de l'ancien ministère que M. de Chabrol, ministre de la marine, dont la modération avait plus d'une fois contrasté avec l'exagération de ses collègues; il passait pour avoir désapprouvé certaines mesures, et principalement celle du licenciement de la garde nationale.

Quant à M. Frayssinous, on le conservait aussi; mais son administration était réduite aux seules affaires ecclésiastiques. On s'occupait de créer un ministère de l'instruction publique.

Tel fut d'abord le conseil qui succéda à celui dont M. de Villèle avait été le chef. Le tiers-parti y vit le triomphe de ses opinions; les libéraux le regardèrent comme une amélioration; les anciens ministériels ne voulurent le considérer que comme une administration provisoire; et enfin l'opposition de l'extrême droite, si désappointée dans ses prétentions, s'écria qu'un pareil ministère n'était qu'une transition pour préparer les voies aux libéraux.

Quant au public, il montra de la joie du renversement des hommes de la contre-révolution, et considéra leur renvoi comme une concession faite à l'opinion. Il fut encore plus satisfait quand il sut que M. Franchet, directeur-général, et M. Delaveau, préfet de police, venaient d'être destitués, et que la direction générale de la police serait supprimée. MM. Franchet et Delaveau n'étaient pas seulement les hommes du ministère Villèle, ils étaient aussi ceux de la congrégation, des jésuites, et, à ce double titre, ils étaient devenus l'objet d'une haine qui s'était manifestée en toute occasion. Le nouveau ministère sentait qu'il avait besoin de réhabiliter la police, qui s'était rendue odieuse à la nation entière; aussi confia-t-il la préfecture de police à M. Debelleyme, procureur du roi près le tribunal de première instance, magistrat qui avait mérité l'estime générale par son équité autant que par son mérite, et qui, même en cette nouvelle qualité de chef de la police de Paris, sut conserver sa belle réputation.

Cependant, au premier moment de satisfaction causée par la chute du ministère Villèle, succédèrent bientôt les réflexions que firent les partis sur la composition du nouveau conseil. Les libéraux crurent s'apercevoir qu'il ne présentait aucun nom indiquant des doctrines propres à offrir des garanties aux amis des libertés publiques; ils se montrèrent fâchés d'y voir encore des hommes qui avaient fait parti de l'ancienne administration, ou qui avaient avoué son système. Ils regardèrent donc le nouveau ministère comme l'ombre de l'ancien, et ne virent dans sa composition hétérogène qu'une nouvelle combinaison de M. Villèle, qui, forcé de céder à l'opinion publique, se serait placé derrière le rideau pour reparaître sur la scène le jour où l'impuissance de ses successeurs se manifesterait.

« Nous avons beau prendre les ministres un à un, les examiner successivement et peser leurs capacités, disait à ce sujet le
Constitutionnel, nous n'en trouvons aucun, quelque mérite qu'il
ait d'ailleurs, qui soit de taille à se mettre à la tête des affaires,
à servir de guide dans un système constitutionnel, à dominer
par le caractère ou le talent. »

Le *Journal des Débats*, organe de la fraction Agier, tenait à
peu près le même langage : « Tant que nous ne verrons pas le
nouveau ministère marcher droit et ferme à un but net et
grand, disait-il, nous craindrons qu'il ne lui soit pas donné de
rendre à la couronne cette force féconde et active qu'elle avait
déplorablement perdue ; nous craindrons qu'il n'ait d'autre puissance que de préserver l'ordre public du péril des feux de joie,
et d'empêcher la capitale d'illuminer (1). »

Quand aux journaux qui représentaient l'opinion de l'extrême
droite, ils n'exprimaient que des regrets de ce qu'aucun des
membres qui avaient combattu pour la royauté n'avait été appelé au conseil. « Cette force si nécessaire au nouveau ministère,
disait à ce sujet la *Quotidienne*, quelques hommes auraient pu
la lui donner, non pas seulement par le secours de leurs lumières,
mais par le crédit que trouveraient leurs noms dans l'opinion
royaliste, par la sécurité qu'ils auraient fait naître dans les esprits inquiets et alarmés. Le ministère, tel qui est, s'il ne repousse pas les consciences, n'a pas de quoi les attirer, les engager à lui par la seule autorité de ceux qui le composent. »

Se voyant jugé d'avance par tous les partis, le ministère Martignac essaya de prendre position nettement. Il commença par
se compléter : M. de Vatimesnil eut l'instruction publique : on
rendit au ministre de la guerre le personnel de son administration, sur les observations qui avaient été faites par les journaux
libéraux que le dauphin, n'étant point responsable, ne pouvait
faire des actes soumis à la responsabilité ministérielle : quelques
préfets furent changés ; quelques injustices réparées. Mais ce
qui fit plus de sensation que toutes ces mesures administratives,
ce fut la nomination d'une commission chargée d'examiner les
moyens que pouvait nécessiter l'exécution des lois du royaume
dans l'enseignement des écoles ecclésiastiques secondaires, c'est-
à-di e, des petits séminaires, passés pour la plupart sous la direction des membres d'une société fameuse, non autorisée par
les lois, des jésuites, qui s'étaient glissés partout. Ce fut là une
satisfaction donnée à l'opinion publique sur un des points où elle
se montrait le plus exigeante. Les journaux de l'extrême droite
la regardèrent comme une concession scandaleuse faite à l'esprit
révolutionnaire.

La session 1828 s'ouvrit enfin le 5 février. Le discours du roi,
que l'on attendait comme le programme du ministère, ranima

(1) Allusion aux efforts faits par le nouveau ministère pour empêcher les
illuminations et les feux de joie que la population de Paris se disposait à faire au
moment de la chute du ministère Villèle.

les espérances des amis de l'ordre constitutionnel. « Voulant affermir de plus en plus dans mes Etats la charte qui fut octroyée par mon frère, et que j'ai juré de maintenir, disait Charles X, je veillerai à ce qu'on travaille avec sagesse et maturité à mettre notre législation en harmonie avec elle. Quelques hautes questions d'administration publique ont été signalées à ma sollicitude. Convaincu que la véritable force des trônes est, après la divine Providence, dans l'observation des lois, j'ai ordonné que ces questions fussent approfondies, et que leur discussion fît briller la vérité, premier besoin des princes et des peuples. »

On crut que de ce jour allait commencer une ère nouvelle de justice et de réparation, et la vérification des pouvoirs des nouveaux députés se fit dans ces dispositions. Elle fut longue et orageuse, à cause du grand nombre de fraudes qui furent signalées par le parti libéral; toutes les manœuvres employées par l'ancien ministère y furent mises au jour, et cette divulgation ne contribua pas peu à faire adopter le paragraphe de l'adresse par laquelle la nouvelle chambre des députés jeta sur la précédente administration un blâme sévère qui fut l'objet d'une discussion des plus vives, mais à la suite de laquelle 187 voix contre 175 qualifièrent officiellement l'administration du ministère Villèle de *déplorable*, épithète qui lui est restée et que l'histoire doit lui conserver.

Aussitôt MM. de Chabrol et Frayssinous donnèrent leur démission, et furent remplacés, le premier, par M. Hyde de Neuville, royaliste bien connu, mais qui s'était détaché de l'ancienne majorité dès qu'il avait vu le ministère décidé à déchirer la charte; le second, par l'abbé Feutrier, évêque de Beauvais, dont on vantait l'esprit de tolérance et de modération.

Le ministère Villèle se trouva donc entièrement renouvelé : on devait croire que le nouveau conseil allait se dessiner franchement. Il n'en fut rien; les ministres n'eurent ni le courage de répudier les actes de leurs prédécesseurs, ni celui de les défendre : ils ne surent prendre que des demi-moyens, tant envers les préfets et les fonctionnaires, sur les opérations desquels il s'était élevé une foule de réclamations, qu'à l'égard des mesures qui devaient faire oublier l'administration qualifiée de *déplorable*. Rien ne marchait au gré du parti national, et la chambre des députés elle-même avait pris près de deux mois seulement pour se constituer.

. . . .

. . . .

—

CHAPITRE IX.

(1829.)

Malgré la pacification de la Grèce, le ministère Martignac éprouvait toujours les mêmes difficultés pour s'affermir. Il y avait dans ce cabinet des talens de tribune incontestables ; il voulait le bien ; mais il manquait de cette volonté ferme qui fait qu'on ne dévie jamais de la route qu'on s'est tracée. Le nouveau cabinet était encore à se fixer sur celle qu'il prendrait.

Produit du triomphe de l'opinion libérale, il s'était posé comme professant les principes constitutionnels et le plus profond respect pour cette charte si menacée au moment où il arriva au pouvoir. Mais ses ménagemens pour les hommes de l'ancienne administration, son hésitation à répudier le déplorable héritage et le système de M. de Villèle, lui avaient bientôt fait perdre la confiance du côté gauche, qui, l'ayant accepté comme une amélioration, se plaignit de ce qu'aucune garantie sérieuse n'avait encore été donnée aux libertés publiques. Quant au côté droit, dont tous les efforts tendaient à démontrer au roi que le ministère Martignac perdrait la monarchie par ce que les royalistes appelaient les concessions faites à l'esprit révolutionnaire ; quant à ce parti implacable, dis-je, devant lequel les successeurs du ministère Villèle ne pouvaient trouver ni grâce ni merci, il était loin d'avoir abandonné ses prétentions. Fort de l'appui du ministre dirigeant d'Angleterre, Wellington, et de la faveur manifeste du roi Charles X pour ses doctrines et pour ses notabilités, le côté droit, encore nombreux, n'attendait qu'une occasion pour s'emparer des portefeuilles qu'il convoitait depuis si longtemps.

Toutes ces intrigues, tant à l'intérieur qu'à l'étranger, étaient connues de tout le monde : elles forçaient les libéraux à désirer la conservation du ministère Martignac, duquel ils se flattaient encore d'obtenir quelques lois propres à mettre obstacle à ce que le gouvernement passât entre les mains de la faction ennemie du progrès.

Ainsi, ce pauvre ministère, sans faveur à la cour, sans parti assuré dans les chambres, n'y trouvant, d'un côté que des ennemis acharnés à sa perte, de l'autre, que des amis exigeant plus que sa position ne lui permettait de faire, arrivait à la veille de la nouvelle session sans système arrêté, sans volonté ; flottant toujours au milieu de cette politique timide et douteuse elle l'obligeait à s'appuyer tantôt sur le côté gauche, tantôt sur le côté droit, qui tour à tour lui donnaient une majorité dont il ne disposait jamais en propre.

Un accident imprévu vint encore augmenter l'embarras de sa situation. M. de la Ferronnays, le seul des ministres qui imposât aux hommes de 1815, fut obligé de quitter définitivement le portefeuille des affaires étrangères à cause de l'état déplorable de sa santé. Cette retraite ouvrit le champ à l'ambition des ultras qui, voyant le ministère disloqué, s'apprêtèrent à se disputer sa succession. Pendant quelques jours les rusés de la cour firent courir le bruit que le portefeuille des affaires étrangères allait être donné ou à M. de Châteaubriand, ou à M. Pasquier, ou à M. de Mortemart, ami du ministre sortant. Mais en même temps qu'on leurrait ainsi le parti qui avait renversé l'administration Villèle, des intrigues de la plus haute importance étaient

liées entre le château des Tuileries et le cabinet de Londres.
Wellington, ce grand champion de l'absolutisme et de la vieille
aristocratie, avait médité depuis son retour aux affaires publiques, d'imposer à la France un ministère aussi contre-révolutionnaire qu'il l'était lui-même, et, à cet effet, il avait jeté les
yeux sur M. de Polignac, alors ambassadeur de France auprès
de la cour de Londres. De longue main Wellington avait recom-
mandé M. de Polignac à ses amis de la France, et les journaux
dont il disposait ne cessaient de prodiguer à l'ambassadeur de
Charles X des éloges propres à avoir du retentissement de l'autre
côté de la Manche?

Le moment de l'*intérim* du ministère des affaires étrangères
parut, aux yeux de la faction liberticide dont Wellington était
le chef, très favorable pour arriver à son but. M. de Polignac fut
lancé sur le continent et arriva tout à coup à Paris. Le bruit se
répandit aussitôt que le roi, auprès duquel ce personnage jouissait de la plus intime faveur, l'avait fait demander pour réaliser
enfin une idée qu'il avait toujours chérie, et qui consistait à
faire de ce favori une sorte de premier ministre, afin de changer
l'esprit du conseil, trop libéral au gré de Charles X.

Tout cela était vrai : le public ne pouvait en douter ; aussi l'o-
pinion s'alarma-t-elle de voir arriver au timon de l'état un
homme dont les antécédens étaient un épouvantail pour tous
ceux qui n'avaient pas encore entièrement renié la révolution,
ses principes et ses bienfaits : M. de Polignac apparaissait aux
yeux de la nation comme le chef de l'émigration, comme l'ennemi le plus acharné des libertés dont la France jouissait encore,
comme l'instrument de Wellington. On se rappelait toute sa vie
à l'étranger, son refus de prêter serment à la charte lors de son
entrée à la chambre des pairs, sa haine contre tout ce qui rappelait la révolution française : on savait que l'ancien régime, l'a-
ristocratie, le clergé, la congrégation, n'avaient point de champion
plus dévoué.

C'était bien plus de réprobation qu'il n'en fallait dans ce moment-là pour soulever l'opinion publique contre un homme si
impopulaire : il n'y eut qu'un cri pour qu'on renvoyât en Angleterre le futur ministre intime de Charles X ; et le ministère lui-
même menaça de donner sa démission si le roi persistait à vouloir faire entrer son favori dans le conseil. Une opposition si
unanime força le roi d'ajourner sa résolution : les journaux officiels publièrent que le voyage de M. de Polignac n'avait d'autre
motif que de conférer avec M. de Mortemart sur de graves questions qui devaient être traitées à Londres et à Pétersbourg.

M. de Polignac, plus irrité que peiné des inquiétudes excitées
par sa candidature au ministère, se disposa à retourner en Angleterre ; mais avant de partir, il voulut faire une éclatante profession
de foi de ses sentimens politiques, et il profita de l'occasion que
lui offrit la discussion dans la chambre des pairs de l'adresse au
roi.

« Quelques feuilles publiques, dit ce pair, ont osé me montrer

à la France comme nourrissant dans mon cœur un secret éloignement contre nos institutions représentatives, qui semblent
déjà avoir acquis la sanction du temps et une sorte d'autorité
imprescriptible, depuis que la main royale qui nous les a données
repose glacée dans la tombe. »

» Si les rédacteurs, quels qu'ils soient, de ces inculpations
calomnieuses pouvaient pénétrer dans l'intérieur de mon domi-
cile, ils y trouveraient la meilleure de toutes les réfutations et
de toutes les réponses : ils m'y verraient entouré des fruits de
mes continuelles et, j'espère, inutiles études, ayant toutes pour
objet et pour but la défense, si elle devenait nécessaire, la conso-
lidation de nos institutions actuelles, le désir et le dessein d'en
faire hériter nos enfans et d'imposer à leur bonheur la douce
obligation de bénir la mémoire de leurs pères...

» Je ne me contenterai pas d'énoncer ici la moitié seulement
de mon symbole politique : oui, je m'honore d'être du grand
nombre, du nombre immense des Français qui pensent, qui
espèrent que les institutions représentatives jetteront de profon-
des racines dans notre patrie ; mais je suis loin de partager l'opinion de ceux qui verraient sans effroi l'excès d'un zèle coupable
dénaturer, travestir ces institutions, si sages en elles-mêmes, et
puiser, dans l'abus qu'on en ferait un code de doctrines propres
à exciter les passions et à lancer au loin dans la société des bran-
dons de discorde.

» Pour moi, messieurs, le pacte solennel sur lequel nos libertés monarchiques reposent m'apparaît comme un signe céleste,
précurseur du calme et de la sérénité ; j'y vois un port assuré
contre de nouvelles tempêtes, une terre neutre également inac-
cessible à des souvenirs qui ne seraient pas sans danger, comme
à d'inutiles regrets ; j'y vois le trône entouré de puissantes garanties pour l'exercice de ses prérogatives, puisqu'au sentiment du
bien public qui commande ses droits sacrés se joint le sentiment
de la reconnaissance excitée par les nouveaux bienfaits répandus
sur un peuple accoutumé à lui devoir tant de bonheur et de
gloire.

» Oui, messieurs, concluait M. de Polignac, nos institutions
me paraissent concilier tout ce que peuvent réclamer, d'un côté,
la force et la dignité du trône, de l'autre, une juste indépendance
nationale : c'est donc d'accord avec ma conscience et ma conviction que j'ai pris l'engagement solennel de concourir à leur main-
tien. »

Voilà ce que répondait M. de Polignac aux journalistes qui
avaient, disait-il, calomnié ses intentions : il n'avançait rien que
M. de Villèle et M. Peyronnet n'eussent proclamé cent fois : tous
ces gens-là avaient, à les en croire sur parole, le plus profond
respect pour les libertés publiques, tous voulaient l'exécution de
la charte. C'était ainsi qu'ils trompaient les hommes assez peu
clairvoyans pour ne pas apercevoir que la charte n'était pour
tous ces contre révolutionnaires que l'arsenal dans lequel ils
puisaient des armes pour assassiner la liberté.

Le discours de M. Polignac ne fut donc qu'une scène de plus ajoutée à cette longue *comédie de quinze ans* qui se jouait alors, et dont le terrible dénouement était déjà si près ; aussi ne changea-t-il rien aux impressions que son voyage avait produites ; ni aux préventions attachées à ses antécédens. Les choses en restèrent au même point sous tous les rapports ; et, quoique le ministère eût obtenu une sorte de satisfaction par l'éloignement de l'homme qui l'offusquait, il n'en fut ni plus populaire, ni plus aimé des royalistes.

Cependant, le scrutin ouvert pour les candidats à la présidence de la chambre des députés vint le rassurer contre la haine du côté droit : ce côté de la chambre s'y montra impuissant ; il ne put donner que 90 voix à ses chefs, MM. de Labourdonnaye et Ravez, tandis que les députés du côté libéral, réunis à ceux de la section du centre gauche, purent enfin désigner quelques-uns de leurs chefs. M. Royer-Collard, porté à la fois par le coté gauche et par les centres, eût pour lui 175 voix sur 267 votans ; M. Casimir Périer et M. Sébastiani en obtinrent environ 150. Ce résultat, célébré comme un triomphe par l'opposition, tira le ministère de la dépendance du coté droit, dont le rôle fut dès lors marqué : il se déclara contre les nouveaux ministres, et continua à effrayer le roi sur les progrès de l'esprit révolutionnaire ; thème que chacun de ses orateurs ne cessa de développer dans toutes les occasions.

Mais ce qui effrayait les royalistes devait nécessairement rassurer les diverses nuances du coté gauche : ce coté de la chambre, devenu puissant, par sa force numérique, et plus encore par le talent des nouveaux orateurs que les élections avaient produits (1), semblait être au moment d'entraîner le ministère dans la voie des améliorations réclamées par les libéraux.

Bientot les partis se dessinèrent à la tribune. Le coté gauche ne cessait de dire aux ministres qu'ils devaient suivre la route qui leur était tracée par les électeurs : il voulait qu'ils prissent une attitude plus convenable à la position de la France, plus digne de ses intérêts et de son honneur : il les engageait à quitter cette indécision et cette timidité qui les empêchaient de faire le bien et d'assurer les libertés publiques étouffées par la précédente administration.

Le coté droit ne faisait entendre que des regrets : il ne voyait dans les ordonnances relatives aux petits séminaires et même dans l'expédition de Morée, que des concessions faites à l'esprit de parti : il conjurait le gouvernement de ne pas préparer, par d'imprudentes mesures, une révolution pareille à celle qui précipita les Stuarts du trône d'Angleterre.

---

(1) Ce fut dans cette session que débutèrent à la tribune Lamarque, Mauguin et plusieurs autres nouveaux députés du côté gauche. Lamarque surtout, aussi chaleureux, aussi éloquent, aussi pur que le général Foy, auquel il succéda, avait sur ce grand orateur l'avantage d'une plus grande fixité de principes : Lamarque voulait plus que la charte.

A peine la session fut-elle ouverte, que M. Salverte renouvela la proposition faite par M. Labbey de Pompières relativement à la mise en accusation des anciens ministres. Il fit ressortir la gravité des actes sur lesquels cette accusation reposait, et soutint qu'ils portaient le caractère de criminalité et le degré de certitude nécessaires pour appeler sur leurs auteurs l'action vengeresse de la loi.

En France, on est facilement oublieux du mal qui s'est éloigné : aussi la nouvelle proposition de M. Salverte fut-elle écoutée avec une sorte d'indifférence. Le ministre de l'intérieur lui opposa une fin de non-recevoir, basée sur ce que la clôture de la session dans laquelle avait été faite la motion de Labbey de Pompières avait entraîné la péremption de l'action intentée. Il disait que lorsqu'une session était close, il ne restait de ses actes que ceux qui avaient été consommés. Le ministre demanda la question préalable, qui fut adoptée à une grande majorité.

Etonné de ce résultat, qu'il regardait comme un grand scandale, M. Labbey de Pompières ne voulut pas renouveler l'affligeant spectacle que la chambre venait de présenter : il déclara qu'il ajournait sa proposition jusqu'à ce que ses collègues fussent disposés à l'entendre. Les centres, appuyés par le président, lui contestèrent encore le droit de l'ajournement ; ils soutinrent que l'auteur d'une proposition ne pouvait qu'y persister ou la retirer. Ce fut en vain que MM. Benjamin Constant et Dupin aîné citèrent des précédens en faveur de l'ajournement ; ce moyen fut encore oté à ceux qui voulaient que la proposition fut vidée solennellement ; et M. Labbey dut retirer sa proposition, tout en déclarant qu'il la reproduirait en temps utile. La session s'écoula sans qu'il fût donné suite à une accusation sollicitée par la chambre elle-même, et l'ancien ministère se trouva absout de fait.

L'irritation qui s'était emparée de la chambre des députés pendant la discussion des lois départementale et communale se fit remarquer dans toutes les autres qui la suivirent, et surtout dans la vaste arène du budget. Les partis restèrent dans une défiance réciproque ; d'où naquit cette irrascibilité dans les débats, cette incertitude et cette variabilité dans les votes. Les ministres, réduits à faire des protestations de libéralisme à la tribune, n'en cédaient pas moins aux influences de la cour ; ce qui les mettait sans cesse dans une position où il leur était impossible de réaliser le bien qui était dans leurs intentions. La session se termina sans avoir amené aucun résultat : le ministère en sortait fatigué, harassé, très peu satisfait de l'état présent et fort inquiet de l'avenir. Toutes les fractions de la chambre étaient mal à leur aise, hormis le coté droit qui n'avait qu'à se féliciter d'avoir rendu impossible un ministère juste-milieu entre les libéraux et les ultra-royalistes.

Ajoutons que les embarras du ministère se compliquaient de l'augmentation du prix des grains, des difficultés qu'éprouvait la perception de l'impot sur les boissons dans plusieurs localités où des mouvemens séditieux avaient exigé l'emploi de la force armée ; qu'il se compliquait de la détresse qui s'annonçait dans plusieurs branches de l'industrie nationale, et enfin de la fréquence des délits de la presse, pour la répression desquels les circulaires ministérielles et même les tribunaux étaient devenus impuissans. Sans crédit à la cour, sans appui dans l'opinion publique, les successeurs du ministère Villèle, dont la plupart étaient cependant des hommes de talent et des hommes honnêtes, pour n'avoir voulu prendre aucune couleur prononcée, ne trouvaient plus d'appui nulle part, et leur autorité s'était affaiblie au point que les préfets et les agens de l'ancienne administration, pour lesquels ils avaient eu tant de ménagemens, n'exécutaient plus que très mollement les ordres qui leur étaient transmis, persuadés qu'ils étaient que le ministère touchait à son déclin.

L'époque de la clôture des chambres fut regardée comme celle d'un changement inévitable dans le personnel et dans la marche du gouvernement. Les royalistes se flattaient enfin de faire entrer leurs chefs au conseil du roi : ils avaient pour eux le ministre dirigeant de l'Angleterre, la cour, la vieille aristocratie, l'émigration, Charles X lui-même et plusieurs journaux. Les libéraux, convaincus que le moment n'était pas encore venu d'avoir un ministère conforme à leurs vues, s'inquiétaient peu des embarras dans lesquels ils avaient jeté le gouvernement ; car toute leur force était ailleurs que dans les conseillers de la couronne. Restait les centres, homme du milieu, dont les efforts tendaient à empêcher l'arrivée au pouvoir des ultra-royalistes. Ils essayèrent donc plusieurs combinaisons qui ne leur réussirent pas.

Pendant que les centres cherchaient les moyens de composer une administration mixte, l'homme dont la candidature au ministère avait naguère soulevé l'opinion publique, M. de Polignac venait de nouveau de passer la Manche, et était arrivé à Paris, où sa présence fit naître de nouvelles craintes, qui ne furent que trop justifiées.

Le *Moniteur* du 9 août 1829 vint apprendre à la France indignée qu'elle avait pour ministres, savoir : aux affaires étrangères, ce même prince de Polignac dont le nom était déjà si impopulaire ; à la guerre, le général Bourmont, l'homme de la Vendée, l'homme de la trahison ; à l'intérieur, M. de La Bourdonnaye, l'homme de 1815 et des catégories ; à la justice, M. Courvoisier ; à la marine, le contre-amiral de Rigny ; aux affaires ecclésiastiques et à l'instruction, M. de Montbel, et M. de Chabrol aux finances.

Une autre ordonnance apprit également que M. de Belleyme, ce magistrat honorable que tout le monde estimait, n'était plus préfet de police (1), et que sa place était donnée à M. Mangin, procureur-général, qui s'était acquis une malheureuse célébrité lors du procès du général Berton.

« Jamais, depuis l'établissement du gouvernement représen-

____

(1) Il fut nommé président du tribunal civil du département de la Seine.

tatif en France, et dans aucun pays peut-être, dit un ouvrage écrit sous l'impression de l'avénement du ministère Polignac, aucun changement de ministres n'excita plus d'indignation et ne souleva plus de haines et d'alarmes. Ce fut tout d'abord contre les trois ministres regardés comme les chefs de ce conseil (de Polignac, de Bourmont et de La Bourdonnaye) un cri général de réprobation, une explosion de reproches, d'invectives et d'accusations motivées sur leurs antécédens, qui partit de tous les journaux d'une nuance plus ou moins libérale, et qui trouva des échos d'un bout de la France à l'autre, dans les feuilles des départemens. On reprochait à M. de Polignac son nom déjà odieux au peuple au commencement de la révolution, la part qu'il avait prise à la conspiration de George, et son refus prolongé de prêter serment à la charte lors de son élévation à la pairie ; à M. de Bourmont, ses services dans la Vendée, sa désertion à l'ennemi la veille de la bataille de Waterloo, et sa participation à la mort de l'illustre Ney ; à M. de Labourdonnaye, sa violence contre-révolutionnaire, ses discours et ses catégories de 1815.

— « Coblentz, Waterloo, 1815, disait l'un de ces écrivains, voilà les trois principes, voilà les trois personnages du ministère... Pressez, tordez ce ministère, il ne dégoutte qu'humiliation, malheurs et dangers (1). »

— « Voilà encore une fois la cour avec ses vieilles rancunes, disait encore le même journaliste ; voilà de nouveau l'émigration avec ses préjugés, le sacerdoce avec sa haine de la liberté, qui viennent se jeter entre la France et son roi ! Ce qu'elle a conquis par quarante ans de travaux et de malheurs, on le lui ôte ; ce qu'elle repousse de toute la puissance de sa volonté, de toute l'énergie de ses vœux, on le lui impose violemment. »

Et après avoir prouvé que les nouveaux ministres ne pourraient gouverner avec modération quand même ils le voudraient, le même écrivain ajoutait :

« Que feront-ils cependant ? Iront-ils chercher un appui dans la force des baïonnettes ? les baïonnettes aujourd'hui sont intelligentes : elles connaissent et respectent la loi. Incapables de régner trois semaines avec la liberté de la presse, vont-ils nous la retirer ? ils ne le pourraient qu'en violant la loi consentie par les trois pouvoirs, c'est-à-dire qu'en se mettant hors de la loi du pays. Vont-ils déchirer cette charte qui fait l'immortalité de Louis XVIII et la puissance de son successeur ? Qu'ils y pensent bien. La charte a maintenant une autorité contre laquelle viendraient se briser tous les efforts du despotisme. Le peuple paie un milliard à la loi, il ne paierait pas deux millions aux ordonnances d'un ministre. Avec les taxes illégales naîtrait un Hampden pour les briser. Hampden ! faut-il encore que nous rappelions ce nom de trouble et de guerre ! Malheureuse France ! malheureux roi ! (2).. »

____

(1) On sera bien étonné d'apprendre que c'était le *Journal des Débats* qui s'exprimait ainsi. Mais alors ses rédacteurs faisaient du libéralisme.
(2) Cet article, un des moins violens quant aux personnes, mais beaucoup plus

Telles étaient les réflexions pénibles qu'arrachait a un journal légitimiste les premières impressions produites par l'avénement du ministère Polignac. Le *Journal des Débats*, dévoué à la cause de la restauration, quoi qu'il fit alors du libéralisme, n'apercevait que danger pour le roi et pour la France dans cette révolution ministérielle, et il déplorait sincèrement cette fatalité qui avait poussé la cour au bord du précipice ouvert sous les pas de la royauté par un ministère anti-national.

Quant aux journaux plus franchement libéraux, à ceux qui pouvaient désirer secrètement la chute des Bourbons, ils se félicitaient en quelque sorte de ce que la restauration se décidait à jouer si gros jeu avec l'opinion publique.

« Puisque nous étions destinés à subir le ministère de l'extrême droite, disait le *Constitutionnel*, il vaut mieux que ce soit plus tôt que plus tard. »

Le *Courrier français* pensait aussi que les libéraux avaient à se féliciter de cette résolution : « Il était déplorable, disait ce journal, qu'un pays comme la France fût sans cesse balloté par des ministres faibles, au gré des intrigues de cour. L'opinion publique et la chambre élective elle-même s'étaient amollies par ce régime d'espérances et de ménagemens méticuleux. Elles allaient s'armer de toute leur indignation pour foudroyer un ministère dont la composition était un sujet d'alarmes pour le pays. »

Les craintes des royalistes constitutionnels, comme les espérances des libéraux, ne tardèrent pas à se réaliser.

. . . .

. . . .

—

HAPITRE X.

(1829)

Voilà donc la famille royale et la cour arrivées à avoir un ministère tel qu'elles le voulaient, le seul après lequel elles soupirassent depuis longtemps, le seul qui pût remplir leurs vues et satisfaire à leurs exigences contre-révolutionnaires : Charles X a enfin donné le portefeuille le plus important à son favori, à l'homme que l'opinion publique repoussait de toutes ses forces ; le dauphin est parvenu à mettre à la tête de l'administration de la guerre le général vendéen qu'il affectionne autant que la nation le déteste, et la duchesse d'Angoulême est au comble de ses vœux en voyant le ministère de l'intérieur entre les mains du plus fougeux des royalistes de 1815. La France ne peut plus se trom-

hostile quant aux principes, puisqu'il soulevait de nouveau la question du refus de l'impôt dans le cas où le ministère entrerait dans les voies illégales, fut déféré au tribunal correctionnel pour offense envers la personne du roi. Le rédacteur, M. Bertin aîné, y fut condamné à six mois de prison; mais la cour royale le renvoya de la plainte. Il n'en fut pas de même de l'éditeur du *Figaro*, condamné à la même peine pour avoir supposé que le roi était attaqué d'une cataracte politique quand il avait changé son ministère.

per sur les intentions liberticides de la famille que l'étranger a ramenée : c'est le dernier combat que vont se livrer la liberté et le despotisme, l'égalité et les priviléges.

Ecoutons les organes du nouveau ministère ; ils nous initieront bientôt aux projets que le roi méditait depuis longtemps, et dont il venait de confier l'exécution aux hommes de l'émigration, de la Vendée et de 1815.

« La monarchie, disait la *Quotidienne*, en réponse aux attaques des feuilles libérales contre le nouveau ministère ; la monarchie ne peut revivre et subsiter que par l'union des hommes et des doctrines. Que peuvent d'ailleurs les diffamations injurieuses qui s'appliquent à des circonstances qui devraient être mises en oubli, ou même honorables pour les ministres? Le roi ne peut-il récompenser que les services de la révolution et de l'empire? ces injures ne sont-elles pas de véritables atteintes à la liberté , à l'exercice de la prérogative royale, à l'esprit de la charte, aux bienséances de l'état social? Le ministère actuel peut seul rallier ou refaire une majorité royaliste : et s'il était admis d'ailleurs que le roi dût, dans toutes les circonstances, céder au vœu d'une majorité dans la chambre élective pour le renvoi de ses ministres, cette majorité régnerait ; la couronne serait dépouillée de l'initiative, de la sanction et de l'administration ; le roi ne serait plus qu'une idole impuissante, sans liberté, sans opinion sans action. »

— « Voilà des choix tels que les royalistes n'auraient pu en signaler d'autres dans les circonstances où nous nous trouvons, s'écriait le rédacteur de la *Gazette de France*, devenue le journal semi-officiel du ministère ; tous répondent au vœu de la monarchie : si les principes que professent les hommes sont un symbole pour l'opinion publique , elle ne peut se tromper sur le système dans lequel le gouvernement est entré : *Plus de concessions, plus de réaction !* »

Il n'y eut jusqu'à la partie du clergé la plus ennemie de la charte qui n'entonnât un *Te Deum* pour célébrer l'arrivée au pouvoir des hommes de la contre révolution : plusieurs prélats poussèrent l'oubli des convenances jusqu'à publier des lettres pastorales dans lesquelles ils félicitaient la monarchie et la religion de cette victoire politique. Le fameux archevêque de Toulouse ne pouvait manquer de laisser éclater sa joie de voir enfin à la tête de l'administration du royaume des hommes si dignes de la confiance du monarque et des espérances des chrétiens. » Nous n'en doutons point, N. T. C. F. , s'écriait-il, ces nouveaux dépositaires du pouvoir auront la gloire de replacer la patrie sur ses véritables bases ; nous en prenons à témoin les sinistres présages des esclaves de l'incrédulité, qui déjà s'annoncent comme ne pouvant supporter une patrie où le trône et l'autel se prêtent un appui mutel. »

Cependant le ministère, quoique fortement appuyé par la cour, les royalistes, le clergé et l'étranger, n'était pas si aveuglé sur sa position pour qu'il ne sentît le besoin d'user d'abord d'une grande prudence, et de protester de son respect pour la charte :

tous ses premiers actes officiels furent donc rédigés en ce sens :
« L'intention du gouvernement, disait le ministre de l'intérieur
aux préfets, n'est point de troubler les situations établies ni de
faire une réaction. Tout ce qui voudra se rattacher fortement à
lui, en le secondant dans la stricte observation de la charte constitutionnelle, doit compter sur son appui. »

C'était ainsi que les nouveaux ministres cherchaient à faire
oublier que leur mission était d'annihiler cette charte, de faire
rapporter les dernières lois sur la liberté de la presse et celle sur
les élections ; mais déjà ils comptaient, quand il en serait temps,
interpréter l'art. 14 de cette même charte de manière à mettre
l'autorité royale en état de se passer du concours des chambres,
si elles lui refusaient leur appui.

Les chefs du nouveau ministère purent juger de la répugnance
que manifestaient une foule de personnages regardés comme
royalistes à s'associer à leurs actes par les désappointemens qu'ils
éprouvèrent à peine arrivés au pouvoir. M. de Rigny, désigné
dans l'ordonnance portant nomination du conseil comme devant
y entrer en qualité de ministre de la marine, ne crut pas devoir
compromettre la popularité qu'il s'était acquise a Navarin, et
donna sa démission malgré les instances de M. Polignac. Le portefeuille de la marine fut remis alors à M. d'Haussez, préfet de
de la Gironde, regardé comme un bon administrateur, mais dont
le caractère parut trop faible pour sa nouvelle situation. On sut
en même temps que M. de Courvoisier n'acceptait qu'avec certaines réserves la faveur que le roi venait de lui faire en le com-
prenant dans le cabinet du *huit août*.

Ajoutons encore qu'une foule de démissions vinrent augmenter les contrariétés que le ministère éprouvait déjà : plusieurs
des membres du conseil d'état formé sous la précédente administration donnèrent le premier exemple en France de l'usage qui
existe en Angleterre de quitter les affaires publiques avec les ministres dont on partage les principes politiques : M. Bertin de
Vaux, Villemain, Alex. de Laborde, Hély d'Oyssel, Froidefond
de Belille, Agier, Salvandy, renoncèrent à leurs fonctions à la
première nouvelle de l'arrivée au pouvoir de MM. Polignac,
Bourmont et Labourdonnaye. M. de Chateaubriand se démit
aussi de son ambassade de Rome (1) ; plusieurs préfets se retirè-
rent sur-le-champ ; d'autres le firent ensuite : tous ces personnages se rangèrent aussitôt du côté de l'opposition la plus hostile au
ministère, et lui firent une guerre de principes et de personnes
qui contribua beaucoup à le jeter dans le gouffre où il se précipita.

Cependant, le cabinet de Charles X essaya de se créer quelques partisans dans les départemens, en y envoyant les membres
de la famille royale. Le duc d'Angoulême alla jusqu'à Cherbourg

---

(1) La retraite de M. de Chateaubriand et celle de M. Bertin furent d'une
grande importance, en ce qu'elles firent du *Journal des Débats* un des plus puis-
sans ennemis du ministère Polignac.

sous prétexte d'y inspecter les travaux du port, mais en réalité pour sonder l'opinion publique dans l'Ancienne-Bretagne, comme l'avait fait l'année précédente la duchesse de Berri en se montrant dans la Vendée. D'un autre côté, la duchesse d'Angoulême fut visiter le département de la Seine-Inférieure, ainsi que les fabriques de Rouen et de ses environs. Le roi lui-même devait aller, vers la fin de l'été, dans les départemens de l'ancienne Normandie, où le ministère espérait que sa présence exciterait l'entousiasme qu'elle avait fait naître naguère dans l'Alsace. Mais le mécontentement qu'avait causé la nomination du ministère Polignac se manifesta d'une manière si peu équivoque du côté de Cherbourg comme parmi les populations industrieuses des rives de la Seine, qu'on ne jugea pas prudent d'exposer le roi à entendre l'expression de l'opinion publique.

Jamais cette opinion, qui fait la force des gouvernemens ou des partis qui l'ont pour eux, ne s'était prononcée d'une manière aussi éclatante qu'elle le faisait sur la route parcourue par le général Lafayette, au même instant que le Dauphin et la Dauphine ne rencontraient que des visages courroucés. Ce patriarche de la révolution se trouvait dans l'ancienne Auvergne, son pays natal, qu'il avait voulu revoir après la clôture de la session, quand la nouvelle de la nomination de MM. de Polignac. Bourmont et Labourdonnaye au ministère y arriva. Dès lors le voyage de l'auteur de la déclaration des droits de l'homme prit un caractère politique et devint un événement de la plus haute importance. Partout les populations firent entendre sur son passage les plus vives protestations contre le ministère du 8 août; partout retentirent ces cris de haine, précurseurs des révolutions.

De Clermont, de Brioude et du Puy, le général Lafayette se rendit à Vizille, par Grenoble; et son passage dans toutes les villes du Dauphiné, de cette province d'où partit le signal de la révolution française, fut l'objet d'un enthousiasme patriotique dont les journaux du ministère s'efforcèrent vainement de faire honneur aux combinaisons du *comité-directeur* du parti libéral.

Quand, de Vizille, le député populaire s'achemina vers Lyon, toute la population accourut au-devant de lui. Son entrée dans la seconde ville de France fut un véritable triomphe; il y pénétra au milieu des flots que formaient plus de soixante mille spectateurs, qui tous saluaient le défenseur de la liberté : il y eut des sérénades, des promenades sur l'eau, des banquets, des toasts, des discours qui se ressentirent des circonstances. Enfin, le grand citoyen reçut une couronne de chêne à feuilles d'argent, produit d'une souscription à cinquante centimes.

Ainsi, pendant que les membres de la famille royale traversaient presque inaperçus les départemens où ils étaient allés réchauffer le royalisme, un simple député parcourait d'immenses contrées dont les populations s'empressaient sur son passage, le saluaient avec amour, en même temps qu'elles laissaient éclater leurs sentimens hostiles contre le gouvernement.

A ces démonstrations, peu rassurantes pour le ministère, se joignirent bientôt des menaces plus sérieuses. Les départemens de l'ancienne Bretagne, prévoyant le cas où les institutions constitutionnelles qui découlaient de la charte viendraient à être foulées aux pieds par le ministère, donnèrent l'exemple d'une association pour refuser le paiement de tout impôt qui ne serait pas levé constitutionnellement. « Considérant que la résistance par la force serait une affreuse calamité, portait l'acte de cette association ; qu'elle serait sans motif, lorsque les voies restent ouvertes à la résistance légale ; que le moyen le plus certain de faire préférer le recours à l'autorité judiciaire est d'assurer aux opprimés une solidarité fraternelle ; déclarons sous les liens de l'honneur et du droit :

» 1° Souscrire individuellement pour la somme de dix francs, et subsidiairement en outre les soussignés inscrits sur les listes électorales de 1830, pour le dixième du montant des contributions qui leur sont attribuées par lesdites listes, que nous nous obligeons à payer sur les mandats des procurateurs-généraux, dans le cas où il y aurait lieu d'en nommer.

» 2° Cette souscription formera un fonds commun à la Bretagne, destiné à indemniser les souscripteurs des frais qui pourraient rester à leur charge par suite du refus d'acquitter les contributions publiques illégalement imposées, soit sans le concours libre, régulier constitutionnel du roi et des deux chambres constituées en conformité de la charte et des lois actuelles, soit avec le concours des chambres formées par un système électoral qui n'aurait pas été voté dans les mêmes formes constitutionnelles. ».

Le reste de cet acte était relatif au mode d'exécution de cette résolution : il fut reproduit à l'instant même par les journaux de toutes les nuances libérales, et provoqua partout des associations pareilles à celle de la Bretagne. Il s'en forma aussi une à Paris, à laquelle prirent part tous les députés nommés par cette capitale, ainsi que la plupart des grands propriétaires et des riches banquiers. Le ministère, effrayé de ces manifestations, fit saisir les journaux qui avaient publié le prospectus de l'association bretonne, et envoya les éditeurs devant les tribunaux correctionnels, pour attaqué contre l'autorité du roi, provocation à la désobéissance aux lois, et excitation à la haine et au mépris du gouvernement du roi.

En même temps, il fit publier dans le *Moniteur*, et insérer forcément dans les autres journaux, un article qui peint parfaitement la situation des choses.

» Il n'est sorte de calomnies, y était-il dit, dont les journaux n'entourent le ministère. Selon les uns, c'est sur la corruption qu'il fonde son espoir ; il a vingt-quatre, trente millions à dépenser ; il fait le tarif des consciences ; il fait procéder à des enquêtes sur chaque député. Selon d'autres, il appelle l'étranger ; il menace de l'intervention ; il va créer 200 députés par ordonnance, et en attribuer la nomination aux conseils généraux des

départemens : à les en croire, le ministère ne rêve que coup d'é-
tat, et il ne prémédite que le renversement de la charte (1) ; il
exigera violemment l'impôt, si la chambre, usant de son droit,
refuse le budget : de là l'urgence de se concerter, de se lier, de
se fédérer pour opposer une résistance légale à ce complot.

» Le but est évident ; la raison publique ne saurait s'y méprendre. Ce n'est pas la conviction qui pousse un cri d'alarme :
ces terreurs sont feintes. Ils savent bien, ceux qui les propagent,
qu'à moins d'avoir perdu le sens commun, des ministres ne sauraient même concevoir l'idée de briser la charte et de substituer
le régime des ordonnances à celui des lois. Ils savent que des
ministres le voudraient en vain, et que s'ils osaient en manifester
le plan, le roi les réduirait d'un seul mot à l'impuissance, en
leur retirant l'exercice du pouvoir qui ne leur a commis que
pour administrer, en son nom et sous leur resposabilité, selon
les lois... »

Toutes ces protestations de respect pour la charte, toutes
ces colères à froid contre ceux qui supposaient au ministère l'intention de la violer, ne trompèrent personne ; chacun resta avec
ses convictions, et les associations pour le refus de l'impôt s'é-
tendirent partout, malgré les ordres donnés pour saisir les journaux qui provoqueraient à ces actes. Les tribunaux devant lesquels furent portés ces sortes de délits hésitèrent à punir les
éditeurs de journaux, qu'on accusait 1° d'attaque formelle à l'autorité du roi ; 2° de provocation à la désobéissance aux lois ;
3° d'excitation à la haine et au mépris du gouvernement. Les
juges furent d'accord pour écarter les deux premiers chefs de la
prévention. Il fut reconnu qu'il n'y avait dans le fait de l'association, comme dans la publication, ni attaque formelle à l'autorité du roi, ni provocation à la désobéissance aux lois, puisque le cas de la résistance ou du refus de paiement de l'impôt
était subordonné à des circonstances qui n'existaient pas, et dont
l'existence eût légitimé le refus. Il ne restait donc plus que le
délit banal qu'on appelle d'excitation à la haine et au mépris du
gouvernement, délit que l'on faisait ressortir de la supposition
faite par les journalistes que les ministres avaient l'intention de
violer la charte : quelques journaux furent condamnés à un mois
de prison et 500 francs d'amende ; d'autres furent acquittés ; car,
ni les tribunaux correctionnels, ni les cours royales ne furent
d'accord sur ce point.

Ces jugemens devinrent une sorte de triomphe pour les libéraux, en ce que les cours royales avaient sanctionné la doctrine
émise autrefois par M. de Labourdonnaye, qu'on pouvait refuser
l'impôt dans le cas de la violation des lois constitutionnelles :
aussi les associations se formèrent-elles librement, et même sans
opposition de la part du gouvernement.

Vers la fin de septembre eurent lieu six élections de députés,

_____

(1) La suite des événemens a prouvé que les journalistes étaient parfaitement
dans le secret des coups d'état médités par le ministère Polignac.

et le ministère parvint à faire nommer trois de ses candidats ;
mais il eut le chagrin d'échouer, au grand collége de Bordeaux,
où M. Ravez, appelé à la pairie, fut remplacé par M. Bosc, l'un
des négocians les plus riches et les plus estimés de cette ville.
M. Bosc était le candidat de l'opposition libérale ; M. Peyronnet,
son compétiteur, fut accueilli par des huées.

Désolés de ce résultat dans la ville du *douze mars*, qu'ils regardaient comme essentiellement royaliste, les ministres commencèrent à s'apercevoir que l'oppinion publique les débordait
et qu'ils ne pourraient lui résister qu'en faisant une diversion
qui détournât les esprits de la politique intérieure. Ils mirent à
profit la querelle qui existait depuis long-temps entre la France
et le dey d'Alger, au sujet des injures que le consul français,
M. Deval, en avait reçues.

Depuis plus de deux ans une petite escadre française avait
été envoyée sur les côtes d'Algérie pour en bloquer les ports et
empêcher la sortie des corsaires, tâche difficile et coûteuse : les
frais de ce blocus impuissant s'élevaient déjà à la somme énorme
de sept millions, quand le gouvernement français, lassé de poursuivre et d'attendre des satisfactions toujours promises et toujours éludées, s'était décidé à faire une dernière démarche d'ac-
commo ement. Le contre-amiral Labretonnière, qui comman-
dait le blocus, eût ordre d'entrer en pourparler avec le dey, et
de lui porter en personne les réclamations de la France. Le
vaisseau la *Provence* entra donc en parlementaire dans la baie
d'Alger ; le contre-amiral, admis à l'audience du dey, lui fit connaître l'objet de sa mission et les satisfactions que la France exigeait. Le dey parut disposé à les accorder ; mais il finit par un
refus positif ; et comme le vaisseau la *Provence* sortait de la baie,
à un signal parti de la *casauba*, château qu'occupait le dey lui-
même, l'artillerie d'un batterie voisine tira sur le vaisseau parlementaire ; ce qui fut imité par toutes les batteries voisines,
lesquelles ne cessèrent le feu que lorsque le bâtiment français,
criblé de boulets et ayant souffert dans sa mature sans avoir ri-
posté par un seul coup, fut hors de portée.

Cette coupable violation du droit des gens souleva l'orgueil
national et provoqua de nouvelles déclamations contre le gouvernement, qui, disaient les journaux libéraux, souffrait les injures d'un barbare. Ce fut une bonne fortune pour les ministres :
ils en profitèrent avec empressement dans le double but de satisfaire l'opinion publique, et de se créer des moyens d'appui. Et
quoi que le dey pût dire ensuite pour s'excuser de l'insulte faite
au pavillon français, qu'il affirma avoir été l'effet d'une méprise,
en punition de laquelle il avait fait décapiter les officiers commandant les batteries, le ministère se montra inexorable. Toutes
communications furent rompues avec la régence, et l'on s'occupa des préparatifs d'une expédition qui, disaient les royalistes,
devait effacer les souvenirs de celle d'Egypte.

A milieu de ces dispositions belliqueuses, des dissentimens
sérieux et dont il est difficile de caractériser la nature, se mani-

restèrent dans un ministère qui avait besoin du concours de tous ses moyens d'action pour faire face aux démonstrations hostiles de la France. MM. de Polignac et Labourdonnaye se brouillèrent soit à cause du système politique que chacun de ces deux chefs du conseil voulait faire prévaloir, soit par l'effet de susceptibilités personnelles. Des bruits coururent alors que ces deux ministres ne différaient entre eux que sur les voies à prendre pour arriver au but commun. M. de Labourdonnaye, plus tranchant que son collègue, voulait, disait-on, faire tourner la contre-révolution au profit de l'ancienne noblesse plus qu'a celui du clergé ; il comptait l'opérer par la force plutôt que par l'intrigue, par les gendarmes et non par les missionnaires et la congrégation. Sa rudesse déplut au parti-prêtre, tout-puissant à la cour, et on chercha le moyen de choquer son orgueil.

Lors de la formation du ministère auquel M. de Polignac a attaché sa déplorable célébrité, il avait été arrêté qu'il n'y aurait point de chef du conseil. En effet, le roi ou le dauphin l'avaient présidé jusqu'alors. Mais comme ni l'un ni l'autre n'avaient ni la fermeté ni les lumières qu'exigeaient ces hautes fonctions, ils se lassèrent de ce qui ne fût plus pour eux qu'un assujettissement rendu désagréable par les querelles intérieures. On fut donc obligé d'examiner de nouveau si la position du gouvernement ne nécessitait pas qu'il y eût à la tête du cabinet un chef qui lui donnât une couleur, un nom propre à représenter le système qu'on voulait suivre. Le roi se décida, dit-on, pour l'affirmative ; et il le fit avec d'autant plus de plaisir qu'il destinait la présidence à son favori, en qui il avait mis toute sa confiance.

Le 17 novembre parut une ordonnance qui nommait le prince de Polignac président du conseil des ministres. L'amour-propre de M. de Labourdonnaye en fut blessé, et aussitôt il donna sa démission. Ce double événement fit naître bien des conjectures : on se demandait comment ce ministère, déjà si faible en talens. avait pu se séparer de l'homme qui avait été si long-temps le chef et l'orateur de l'opposition royaliste, et qui avait eu l'art de se créer un parti redoutable dans la chambre des députés. Les amis du ministère craignaient de voir se renouveler le scandale donné sous l'administration Villèle d'une double opposition à laquelle aucun ministère ne pourrait résister.

Suivant quelques autres partisans du gouvernement, on devait voir dans l'éloignement de *l'homme aux catégories* une sorte de satisfaction donnée par M. de Polignac à l'opinion publique ; un retour à des idées de modération et à un système plus en harmonie avec les institutions. On assurait même qu'il était aussi question de l'éloignement du général Bourmont.

Les libéraux seuls jugeaient bien les choses, car ils réduisaient l'événement à sa juste valeur, c'est-à-dire à une question d'amour-propre personnel : leur opinion était que le ministère Polignac ne pouvait reculer dans la voie où il s'était engagé ; et qu'il fallait que la contre-révolution s'opérât tout à fait, ou que la révolution fît une nouvelle explosion.

Les libéraux ne se trompaient pas : il y avait entre ce ministère, le roi, la cour, l'aristocratie et le clergé une sorte de compromis pour rétablir l'ancien régime à la première occasion favorable ; et cette occasion, le roi et son favori se la promettaient au retour de l'expédition d'Alger, dont on faisait alors les immenses préparatifs ; persuadés qu'ils étaient qu'il faut disposer d'une armée victorieuse quand on veut frapper de grands coups d'Etat.

Rien n'indiqua mieux les intentions du gouvernement que les changemens qui eurent lieu à cette même époque dans la haute administration. M. de Montbel fut appelé au ministère de l'intérieur, que venait d'abandonner le fougueux Labourdonnaye ; et le conseil se recruta de M. Guernon-Ranville, fils d'émigré et ayant émigré lui-même en 1815, auquel on donna le département des affaires ecclésiastiques et de l'instruction publique Déjà l'administration des forêts avait été donnée à M. Ferdinand de Berthier ; ce qui démontrait l'intention où était le roi de ne plus confier les hauts emplois publics qu'à des hommes de la contre-révolution.

Ces nominations produisirent l'effet qu'on devait en attendre : l'opinion publique exhala son mécontentement en récriminations contre le cabinet, et contre les hommes qu'il s'associait. Tout ayant été dit sur M. de Montbel et sur M. de Berthier, dont les noms avaient une signification si expressive, on s'attaqua à M. Guernon ; on rappela à cet ancien avocat ses opinions de 1815 ; son commandement de la garde urbaine de Caen, où il s'était fait distinguer entre les plus fougueux royalistes ; on lui reprocha d'avoir falsifié un scrutin pendant qu'il présidait le collége électoral : enfin on trouva un nouveau motif de scandale dans sa nomination au ministère, lui dont tous les titres se bornaient à son exaltation contre-révolutionnaire soutenue d'une faconde de barreau. On concluait de ses choix que le président du conseil cherchait à ne s'entourer que d'hommes avec lesquels il pût marcher d'accord à la destruction de ce qu'il restait encore de principes constitutionnels.

Le ministère s'indignait a son tour ou faisait semblant d'être indigné de ce qu'on lui prêtait les intentions coupables, les projets insensés qui, disait-il, n'existaient que dans la plume des journalistes. Il signalait les attaques de la presse libérale comme une guerre insolente dont les coups portaient jusque sur les marches du trône, qui mettait en question l'exercice libre et spontané de la prérogative royale et compromettait la prospérité du pays et la tranquillité publique (1). Ils demandaient à être jugés sur leurs actes.

_____

(1) Quoiqu'on se soit efforcé depuis d'établir que la France avait joui, sous la restauration, d'une prospérité inouïe, prospérité qui, si elle eût été réelle, ne devait d'ailleurs être attribuée qu'aux bienfaits de la paix et à l'active industrie des habitans de ce pays déjà riche par lui-même, il n'en est pas moins vrai que, de 1824 à 1830, la France passa par plusieurs crises propres à mettre en doute la réalité de cette prospérité. A la fin de 1829 la France éprouvait de graves sujets

A ces protestations, qui déguisaient si mal la contrainte que le cabinet s'imposait encore, les libéraux répondaient que, s'ils accusaient les intentions du ministère, c'était parce qu'elles se manifestaient tous les jours par des choix que la nation réprouvait ; ils disaient que ces intentions étaient journellement trahies par ses affidés, puis qu'il souffrait que des journalistes paraissant avoir sa confiance, osassent lui conseiller le renversement des lois fondamentales : on lui reprochait d'avoir annoncé ouvertement que l'objet de sa mission était de faire rapporter les dernières lois qui avaient assuré la liberté de la presse et celle des élections, comme le moyen préalable pour arriver à son but.

Ce fut au milieu de ces récriminations renouvelées tous les jours que le ministère arriva à la veille d'une session législative qui devait être un combat à mort entre l'ancienne royauté à jamais impossible, et les libertés publiques acquises par la révolution française. On se demandait si le ministère, employant tous les moyens de corruption dont il disposait, réunirait dans la Chambre cette majorité dont il avait besoin, ou si, la chambre des députés, résistant à ses volontés, il aurait le courage désespéré d'en appeler à de nouvelles élections, lorsque les progrès de l'opinion libérale étaient si évidens ; ou enfin s'il oserait annuler les lois et créer un système électoral par ordonnances.

Les hommes d'expérience regardaient le ministère Polignac comme devant arriver aux coups d'état les plus décisifs : ils se fondaient sur la faveur dont jouissait le ministre favori tant à la cour que parmi l'ancienne noblesse et le clergé ; ils se fondaient encore sur l'opiniatreté de son caractère, sur ses croyances politiques et religieuses, autant que sur les exigences des courtisans et des prêtres. Ces hommes d'expérience avaient pour garant de leur opinion l'aveuglement dans lequel ce favori était sur la situation des choses : en effet M. de Polignac, se faisant illusion sur la résistance de l'opinion publique, s'obstinait à ne voir d'opposition que dans le *journalisme* : il ne comprenait ni la difficulté de sa position, ni l'état moral de la France, ni la haine de la nation contre tout ce qui lui rappelait l'émigration ou 1815. Il lui fallait une leçon bien dure pour détruire les illusions qu'il se faisait sur la possibilité d'exécuter tout d'un coup ce que M. de Villèle avait à peine commmencé en six ans de persévérance. Cette leçon, le peuple se chargea de la donner à ceux qui s'étaient habitués à le mépriser.

En attendant, le gouvernement redoubla d'efforts pour rendre formidable l'expédition destinée à aller punir les pirates d'Alger

d'inquiétude et d'alarme : après un automne pluvieux qui avait nui à toutes les récoltes, l'hiver s'annonçait avec une rigueur dont on avait peu d'exemples : le prix des grains et des fourrages augmentait ; les ouvriers étaient sans travail, sans habits, sans feu. La plupart des fabriques de l'est et du nord, surchagées de leurs produits, étaient à la veille de suspendre leurs travaux ; les faillites devinrent plus nombreuses que jamais, et tous les jours la place du Châtelet était encombrée de meubles provenant des expropriations forcée. Tels furent les résultats de cette prospérité si vantée.

des insultes que leur chef avait faites à la France, et dont on n'avait pu obtenir encore aucune réparation. Toulon devint le rendez-vous d'une armée de trente-cinq mille hommes de toutes armes, que l'on munit de tout ce qui pouvait leur être utile dans la campagne qu'ils allaient faire sur le sol africain. Une flotte nombreuse fut aussi réunie dans ce vaste port, et chaque département maritime y envoya son contingent en vaisseaux et en marins. De nombreux bâtimens de transports furent aussi frêtés pour recevoir ceux des soldats qui ne pourraient pas être transportés dans les bâtimens de guerre : on tira des arsenaux plusieurs batteries de campagne et de siége ; on fit faire des fusils d'une plus grande longueur que ceux de notre infanterie ; on essaya pendant long-temps les *mortiers monstres*, qui furent placés sur des bombardes construites de manière à résister aux violentes secousses produites par les détonnations de ces nouvelles bouches à feu destinées à lancer d'énormes projectiles. Enfin, les magasins de Toulon et des environs se remplirent de toutes sortes de munitions de guerre et de bouche, qui furent ensuite embarquées. On ne négligea rien pour le succès d'une expéditio dont le ministère comptait tirer le plus grand parti en faveur de sa politique.

L'expédition d'Alger, offerte à l'armée comme un moyen d'aller acquérir de la gloire, était d'une bien plus haute importance aux yeux du ministère. L'éclat qu'on cherchait à lui donner devait d'abord fixer l'opinion publique ailleurs que sur les affaires de la politique intérieure ; on espérait par là distraire le peuple des idées qui le préoccupaient tant et si vivement depuis l'arrivée au pouvoir du ministre favori. Tout étant combiné pour que l'expédition eût le succès que le gouvernement s'en promettait, les ministre devaient espérer que le châtiment qu'ils allaient infliger à celui qui avait osé provoquer la France, lui donnerait la force nécessaire pour exécuter les projets de contre-révolution qui étaient depuis long-temps dans les vues de Charles X et de son favori. Le gouvernement pensait que, dès qu'il aurait l'appui d'une armée victorieuse, tout lui deviendrait facile.

Ce fut dans ce but qu'il donna à cette guerre contre un repaire de pirates beaucoup plus d'importance que n'en méritait d'ailleurs la punition du fameux coup d'éventail : il voulait faire oublier la frivolité, le ridicule même attaché à une guerre faite pour un motif si léger : aussi ne cessa-t-il d'exagérer l'importance de l'insulte que l'on avait presque oubliée pendant près de trois ans, et que le ministère ne ressentait aussi vivement que parce qu'elle allait lui servir de prétexte pour réunir, éprouver et exalter une armée qu'il comptait ensuite trouver toute prête à seconder le gouvernement dans ses desseins contre les libertés publiques. Le ministère était alors bien loin de croire qu'il allait faire une conquête : l'expédition devait se borner à une occupation momentanée : on avait même pris l'engagement envers le cabinet de Londres d'évacuer Alger aussitôt que la France y aurait fait acte de puissance contre ces pirates. Ce fut à cette condi-

tion que le gouvernement anglais, si jaloux de sa domination
sur la Méditérannée, ferma les yeux sur cette excursion en Afrique des forces françaises. Le complice des projets contre-révolutionnaires du cabinet de Charles X, Welington voulait bien faciliter à ses amis de Paris les moyens d'acquérir de la force et même
de la popularité ; mais il exigeait la promesse qu'aussitôt que le but
apparent de l'expédition aurait été atteint, la France ferait rentrer ses troupes.

Cela aurait été exécuté si la révolution de 1830 n'eut rompu
ces lâches stipulations , et n'eut proclamé de sa puissante voix
que les conquêtes achetées avec le sang et l'or de sa France,
sur une peuplade barbare, resteraient à la nation française et à
la civilisation.

Quant au ministère Polignac , protecteur de cette excursion
belliqueuse, comme il était loin de penser que la prise d'Alger
serait une des principales causes de sa perte, il se livra aux préparatifs de cette expédition avec la certitude que le succès serait
pour lui un moyen d'arriver plutôt à ses fins.

CHAPITRE XI.

(1830.)

Nous arrivons au dénouement de ce qu'on avait appelé avec
tant de vérité la *Comédie de quinze ans* ; dénouement bien imprévu
que l'aveuglement de Charles X et de sa cour amena seul ; dénouement terrible pour ceux qui le provoquèrent si audacieusement, mais heureux pour la France qui se trouva débarassée à
la fois et des langes dits constitutionnels dans lesquels elles se
débattait depuis long-temps, et du gouvernement qui lui avait été
imposé par ses ennemis , et de tous ces hommes incorrigibles
qui osaient encore rêver le despotisme de l'ancien régime, au milieu des progrès de l'éducation politique du peuple français.

Le ministère Polignac existait depuis cinq mois sans avoir osé
entrer pleinement dans la voie contre-révolutionnaire qu'il était
appelé à parcourir ; et, quoique poussé par les courtisans, l'émigration et le clergé , il s'était tenu jusqu'alors dans une réserve
qui ne laissait deviner ses projets ultérieurs que par les noms des
hommes dont il s'entourait.

Un hiver prématuré et sans fin, dont la rigueur excessive ne
rappelait que trop celui de l'année 1789, était venu ajouter encore aux misères des classes que le manque de travail avait jetées
sur le pavé de Paris ; la moitié des ateliers étaient déserts , les
capitaux se resserraient, le commerce souffrait, et ces souffran-
ces étaient un nouvel aliment aux passions politiques qui se dé-

chaînaient contre le gouvernement. Jamais les feuilles libérales
n'avaient attaqué avec tant de violence les dépositaires du pouvoir, auxquels les écrivains de ce parti ne cessaient de prêter
les intentions les plus coupables : ils disaient que le ministère
n'attendait qu'une occasion favorable pour changer le système
électoral, susprendre la liberté de la presse périodique et saisir
une espèce de dictature au moyen d'une fausse interprétation de
l'article 14 de la charte. En conséquence, les associations pour
refuser l'impôt à la première violation du pacte fondamental continuaient à se former dans tous les départemens, et l'opinion publique s'y prononçait d'une manière effrayante pour le gouvernement. L'horison se rembrunissait, et tout annonçait une grande
commotion politique pour le jour où les ministres porteraient
la main sur ce qui restait à la France des libertés achetées par tant
de sang.

Le roi, ses ministres, ses courtisans en uniforme ou en soutane
s'irritaient toujours davantage de ce qu'ils appelaient l'insolence
du journalisme ; et cette aigreur se fit remarquer dans toutes
les réponses de Charles X aux félicitations du jour de l'an. La
cour royale de Paris, qui venait de montrer une si noble indépendance, y fut semoncée vertement : au milieu d'une réponse pleine
de dureté que le roi fit au président Séguier, Charles X s'oublia
jusqu'à dire aux magistrats qu'ils devaient se rendre dignes des
marques de confiance qu'ils avaient reçues de leur roi. La duchesse d'Angoulême poussa l'oubli des convenances et l'outrage
jusqu'à chasser de sa présence toute la cour royale, qui ne
trouva au château que des visages composés sur celui du maî-
tre. C'est que la cour royale, comme la plupart des corps de
l'état et des autorités, avait protesté de son respect pour les
libertés publiques ; paroles mal sonnantes aux oreilles d'un prince
et d'une cour qui avaient résolu d'anéantir ces libertés.

Cependant le ministère n'osait en venir au moyens extrêmes
qu'après avoir essayé encore une fois s'il ne pourrait pas arriver
à ses fins en maniant avec adresse les autres pouvoirs de l'état
dont il redoutait la puissante opposition. Ce fut à cet effet qu'il
convoqua les chambres pour le 2 du mois de mars. Par cet acte
de déférence, il crut fermer la bouche à ceux qui l'accusaient
de méditer des coups d'état despotiques. Son plan, habilement
conçu, était de ne présenter d'abord que des lois utiles, que des
économies nécessaires sur toutes les branches du budget : par
ces moyens, il espérait pouvoir faire passer quelques modifica-
tions à la dernière loi sur la presse périodique, ou sur la formation
des listes électorales ; et, cela obtenu sans violence, il devait clore
la session, et risquer de nouvelles élections, que les changemens
apportés aux lois sur la presse ou sur les élections, la gloire militaire qui devait résulter de l'expédition d'Alger, et les moyens
d'influence que pouvait exercer une administration dévouée devaient nécessairement lui rendre favorables.

Il commença donc par épurer la haute administration, et par
créer sept nouveaux pairs de France, pris parmi les anciens députés

les plus exaltés par leurs opinions contre-révolutionnaires (1). Au moyen de ce renfort envoyé dans une chambre où se trouvait déjà la *fournée* de M. de Villèle, le ministère se crut assuré de l'appui de la pairie. Mais les ministres n'avaient point fait entrer dans leurs calculs la méfiance dont ils étaient l'objet tant du côté de la nation en masse, que de la part de la grande majorité des députés. Cette méfiance n'ayant fait que s'accroître journel·ement, la plupart des élections faites depuis le ministère du 8 août avaient encore renforcé le parti libéral de la chambre ; tandis que la minorité ministérielle ne comptait que des pertes nombreuses, pour la compensation desquelles elle n'avait fait d'autres acquisitions que celle de M. Berryer fils, nommé dans la Haute-Loire, et celle de M. Dudon, élu avec beaucoup de peine dans la Loire-Inférieure.

Le parti libéral se présentait donc à la nouvelle session avec des avantages que le ministère ne pouvait plus se dissimuler ; aussi, dès l'approche de la réunion des députés, ses embarras augmentèrent-ils : on assure même que la division se mit dans le conseil, et que, quelques jours avant l'ouverture des chambres, il avait été question d'un changement total de minis-nistère dans le sens du centre gauche.

La cour s'émut de ce qu'elle aurait regardé comme une faiblesse et un malheur ; elle représenta au roi le danger de changer, à l'approche d'une session des plus importantes, un cabinet d'un royalisme éprouvé pour en revenir aux hommes des concessions : on sollicita, on supplia les ministres dissidens de sacrifier leurs répugances, et le changement que les royalistes redoutaient n'eut pas lieu : les ministres finirent même par s'entendre sur la rédaction du discours d'ouverture que le roi devait prononcer. Les chambres furent enfin ouvertes par Charles X le jour indiqué (2), et dans un moment où la polémique chaleureuse des journaux de tous les partis avait produit une surexcitation, un redoublement de la fièvre politique qui s'était emparée des masses. Ce fut en vrain que le gouvernement chercha à occuper le public des préparatifs de l'expédition d'Alger, présentée par les journaux à ses gages comme devant éclipser celle d'Egypte ; le public fixa ses regards inquiets vers la chambre des députés, car c'était sur les mandataires de la nation que se concentraient toutes les espérances des amis de la liberté (3).

(1) Ces sept nouveaux pairs étaient : MM. le duc de Céreste Brancas, le marquis de Tourzel, le comte de Labourdonnaye, ex-ministre de l'intérieur, le marquis de Puyvert, le baron de Vitrolles, le comte Beugnot et le général Vallée.

(2) L'ouverture de la session n'eut pas lieu au palais Bourbon, mais bien dans la grande salle du Louvre : toute la pompe royale y fut déployée.

(3) Malgré la haine que la nation portait à la famille des Bourbons, toutes les idées politiques étaient alors tellement faussées, qu'il ne venait à l'esprit d'aucun des chefs libéraux d'exiger autre chose que le renvoi du ministère Polignac ; la souveraineté du peuple dormait pour ne se réveiller que le 28 juillet : on regardait comme des fous ceux qui croyaient à la possibilité d'une grande révolution ; et cependant les élémens s'apercevaient en tout et partout.

Le ministère avait pensé qu'il devait payer d'audace, en présence d'une majorité qu'il redoutait ; aussi le discours qu'il fit prononcer par le roi fut-il rempli de bravades. Après y avoir parlé de l'Orient, du Portugal, de l'expédition d'Alger et des projets de loi qui devaient être présentés dans la session, Charles X finissait par quelques phrases sur l'effet desquelles le ministère comptait beaucoup.

« La charte, disait-il, a placé les libertés publiques sous la sauve-garde des droits de ma couronne. Ces droits sont sacrés ; mon devoir envers mon peuple est de les transmettre intacts à mes successeurs.

» Pairs de France, députés des départemens, je ne doute point de votre concours pour opérer le bien que je veux faire. Vous repousserez avec mépris les perfides insinuations que la malveilance cherche à propager. Si de coupables manœuvres suscitaient à mon gouvernement des obstacles que je ne peux pas... que je ne veux pas prévoir, je trouverais la force de les surmonter dans ma résolution de maintenir la paix publique, dans la juste confiance des Français et dans l'amour qu,ils ont toujours montré pour leur roi. »

Ainsi, Charles X ne reconnaissait d'autres droits que ceux de la couronne ; et ces droits, il voulait les transmettre intacts à ses successeurs. Les Français était donc bien coupables quand ils supposaient que le roi et le ministère étaient d'accord pour séquestrer les droits de la nation au profit de la couronne ; il n'y avait que des maveillans, que des hommes pervers qui pussent avoir de pareilles idées d'un gouvernement aussi libéral que celui de Charles X, et ces hommes pervers, le roi et son conseil annon-çaient qu'ils sauraient les mettre dans l'impossibilité de susciter des obstacles aux bienfaits que le gouvernement voulait verser sur le peuple.

Heureusement, ces menaces n'effrayèrent personne ; et dès le lendemain les journaux témoignèrent toute leur indignation du langage insolent qu'osait tenir un ministère aussi anti-national aussi détesté que l'était celui honoré de la protection spéciale de Wellington : il n'y eut qu'une voix pour engager les pairs de France et les les députés à répondre au défi ministériel en disant au roi la vérité tout entière, et en l'appuyant au besoin du refus de l'impôt.

Les chambres ne se bornèrent pas à renvoyer au ministère les menaces qu'ils avait mises dans la bouche du roi, elles allèrent beaucoup plus loin.

Dans celle des pairs même, dont les ministres se croyaient si sûrs, une opposition menaçante se manifesta, dès les premières séances, par la nomination du bureau, dont tous les membres furent choisis dans le parti libéral. Il en fut de même de la commission qui devait rédiger l'adresse en réponse au discours du roi ; tâche très difficile, car il fallait que cette réponse fût remarquable par ce qu'elle ne disait pas. Ce fut à ce moyen que s'arrêtèrent les courtisans de la chambre des pairs : ils n'osèrent censurer directement

les paroles de la couronne. Mais si l'adresse des pairs fut presque
aussi insignifiante qu'à l'ordinaire, les débats auxquels elle donna
lieu ne furent pas sans intérêt.

« Toute révolution venant d'en bas est aujourd'hui impossible (1), disait M. de Châteaubriand en parlant sur cette adresse ;
mais cette révolution peut venir d'en haut ; elle peut sortir d'une
administration égarée dans ses systèmes, ignorante de son pays et
de son siècle... Les dernières lignes du discours de la couronne
ne justifient que trop la triste prévoyance qui m'a obligé d'inter-
rompre une carrière aussi conforme à mes goûts qu'à mes études. » Et M. de Châteaubriand terminait en disant qu'il jugeait
le projet insuffisant dans les circonstances graves où l'on se trouvait.

Cependant cette adresse était un acte de courage inattendu
pour une chambre qui, dans ses communications avec le trône,
ne s'était jamais écartée du langage réservé de l'étiquette la plus
servile : elle contenait une protestation de respect pour une charte
que le roi n'avait seulement pas mentionnée : aussi Charles X se
montra-t-il très mécontent de la leçon indirecte que les pairs lui
donnaient. C'était déjà un échec pour le ministère Polignac ; mais
il lui était réservé d'en subir un bien autrement décisif dans la
chambre des deputés.

Là, dans cette même salle provisoire que le ministère venait
de faire élever en attendant la reconstruction de l'ancienne, on re-
marquait la plus grande agitation dès le jour même où les
partis essayèrent leurs forces par l'organisation des bureaux :
les libéraux se trouvèrent en majorité partout ; et quand il fallut
nommer les candidats à la présidence, le côté droit ne put donner
à ses chef que cent seize voix, tandis que MM. Royer-Collard,
Casimir Périer et Sébastiani en eurent chacun plus de deux
cent (2). Ce résultat servit à constater que la fraction Agier, com-
posé des trente voix du centre droit que le gouvernement s'était
flatté d'attirer à lui, persistait dans ce que le ministère appelait
sa défection.

L'intérêt qui se fixait sur cette chambre fut plus grand encore
quand elle eut à s'occuper de l'adresse en réponse au discours
du roi. La composition de la commission faisait pressentir que
cette réponse serait hostile au cabinet, et jamais on n'avait at-

(1) Le peuple s'est chargé de prouver à M. de Châteaubriand qu'il est encore
en état de faire des révolutions de bas en haut, les seules qui soient ra-
tionnelles ; car les révolutions de haut en bas sont toujours au détriment des
peuples.

(2) M. Royer-Collard fut nommé président ; mais il eut un moment d'humeur
quand le président d'âge, le vénérable Labbey de Pompières, dit en quittant ses
fonctions, que la chambre des députés saurait transmettre ses droits intacts à ses
successeurs. C'était une mordante parodie du discours du roi, et qui embarrassa
beaucoup M. Royer-Collard, dont l'opposition n'allait pas au delà d'un changement des ministres. M. Labbey de Pompières fut plus loin encore ; il voulait que
la chambre renouvelât le *Serment du Jeu de Paume*. Les amis de ce vieux pa-
triote eurent bien de la peine à lui faire retrancher ce passage de son discours.

tendu avec plus d'anxiété le résultat des délibérations qui avaient lieu, en comité secret sur la rédaction de cette célèbre adresse.

Elle fut enfin lue à la chambre dans la séance du 15 mars : les députés en écoutèrent avec calme tous les paragraphes insignifians ; mais les partis s'agitèrent quand M. Etienne, qu'on savait être le principal rédacteur de ce manifeste contre le ministère, arriva aux paragraphes répondant aux plaintes du roi sur les *coupables manœuvres de la malveillance*. Cette partie de l'adresse était ainsi conçue :

« Cependant, sire, au milieu des sentimens unanimes de res-
» pect et d'affection dont votre peuple vous entoure, il se mani-
» feste dans les esprits une vive inquiétude qui trouble la sécu-
» rité dont la France avait commencé à jouir, altère les sources
» de sa prospérité, et pourrait, si elle se prolongeait, devenir
» funeste à son repos. Notre conscience, notre honneur, la fidé-
» lité que nous vous avons jurée, et que nous vous garderons
» toujours, nous imposent le devoir de vous en dévoiler la cause.

» Sire, la charte que nous devons à la sagesse de votre au-
» guste prédécesseur, et dont votre majesté a la ferme volonté de
» consolider le bienfait, le consacre comme un droit, l'interven-
» tion du pays dans la délibération des intérêts publics. Cette in-
» tervention devait être, et elle est en effet, indirecte, sagement
» mesurée, circonscrite dans des limites exactement tracées, et
» que nous ne souffrirons jamais que l'on ose franchir ; mais elle
» est positive dans son résultat ; car elle fait du concours per-
» manent des vues politiques de votre gouvernement avec les
» vœux de votre peuple, la condition indispensable de la marche
» régulière des affaires publiques. Sire, notre loyauté, notre dé-
» vouement nous condamnent à vous dire que ce concours
» n'existe pas.

» Une défiance injuste des sentimens et de la raison de la France
» est aujourd'hui la pensée fondamentale de l'administration :
» votre peuple s'en afflige parce qu'elle est injurieuse pour lui,
» il s'en inquiète parce qu'elle est menaçante pour ces libertés...

» Entre ceux qui méconnaissent une nation si calme, si fidèle,
» et nous qui, avec une conviction profonde, venons déposer
» dans votre sein les douleurs de tout un peuple jaloux de l'es-
» time et de la confiance de son roi, que la haute sagesse de votre
» majesté prononce ! Ses royales prérogatives ont placé dans ses
» mains les moyens d'assurer entre les pouvoirs de l'état cette
» harmonie constitutionnelle, première et nécessaire condition
» de la force du trône et de la grandeur de la France. »

Il était difficile de mettre plus de ménagemens que le faisaient les auteurs de l'adresse pour dire quelques faibles vérités au roi de France ; mais c'en fut assez pour faire bondir sur leurs siéges les amis du ministère. Une longue explosion succéda à la lecture de ces paragraphes, et la discussion de cette œuvre ne dura pas moins de deux jours. Là furent entendus tour à tour les défen- seurs de ce qu'on appelle les prérogatives de la couronne, et les défenseurs des libertés publiques, les amis des ministres et ceux qui voulaient les renverser. Les uns criaient que l'adresse était attentatoire aux droits du trône et que la chambre dépassait ses attributions en voulant obliger le roi à renvoyer des ministres dévoués à la monarchie; les autres ne voyaient dans l'adresse que l'accomplissement d'un devoir impérieux, qui devait avoir pour résultat de dissiper les craintes dont on obsédait le trône, et celles non moins dignes d'égards qui agitaient la France. Les royalistes, parmi lesquels se firent remarquer MM. de Lépine, de Conny, de Laboulaye, de Berbis, Pas de Beaulieu, Sosthènes de Larochefoucauld et Pardessus, profitèrent de cette occasion pour déclamer de nouveau contre la révolution et les révolutionnaires. Ils voyaient dans l'adresse une offense faite au roi, auquel, disaient-ils, on voulait ôter son épée, pour le livrer sans défense à la faction avide de renverser les trônes. Ils conseillaient au roi de ne pas rendre cette épée, et aux ministres de tenir le gouvernail d'une main ferme. Tous se réunissaient pour regarder la liberté de la presse comme la seule cause du malaise qui travaillait la société.

Les défenseurs de l'adresse justifiaient, au contraire, la nécessité de dire au roi ce que la France pensait des dépositaires du pouvoir. « Nous n'attaquons par la prérogative royale, s'écriait Benjamin Constant; nous demandons qu'elle rétablisse l'harmonie entre les pouvoirs, ou en renvoyant les ministres, ou en en appellant à cette nation à laquelle M. le ministre de l'intérieur luimême vient de rendre un éclatant témoignage, en disant que partout les lois et l'autorité royale sont respectées et obéies. »

Passant ensuite aux causes qui rendaient le ministère suspect aux amis des libertés publiques, cet orateur convenait que le cabinet du 8 août avait fait très peu d'actes; « mais, dans le petit nombre de ceux qui lui appartiennent, ajoutait-il, j'aperçois une tendance dont nous nous sommes alarmés à bon droit. Vous rappellerai-je, messieurs, les encouragemens, les faveurs prodigués à tous ceux qui parlent de bouleverser nos institutions; à ces journaux semi-officie s qui ont insulté aux majorités, qui n'ont cessé de dire qu'il fallait sauver la monarchie sans elle et malgré elle; et cela tandis que de rigoureuses poursuites étaient chaque jour dirigées contre les organes de l'opposition, parce qu'ils déclaraient qu'ils n'obéiraient qu'à la charte... (1). De là, messieurs, la défiance qui environne le ministère, non pour ce qu'il a fait depuis qu'il est au pouvoir, mais à cause de ses antécédens, à cause de ses penchans, à cause de la haine qu'il porte aux institutions que nous défendons. »

(1) Benjamin Constant faisait allusion aux nombreux procès intentés depuis peu aux journalistes et aux hommes de lettres de l'opposition, qui tous avaient été jugés avec une extrême rigueur; tandis que les écrivains royalistes, qui ne cessaient d'insulter la magistrature et la chambre des députés, et qui poussaient le ministère aux coups d'état inconstitutionnels, étaient loués et récompensés de leur zèle. On se rappelle le fameux *Mémoire adressé au conseil du roi* par M. Madrolle, dans lequel cet écrivain ministériel proposait tout simplement d'abolir la charte, de changer la forme du gouvernement et de rétablir l'ancien ré gime. M. Madrolle ne fut pas même désavoué.

Plusieurs des ministres prirent part à la discussion pour combattre les derniers paragraphes de l'adresse. M. de Montbel, Guernon-Ranville, Chantelauze parlèrent long-temps pour démontrer que les prétentions de la chambre des députés étaient attentatoires aux prérogatives de la couronnne : ils s'élevèrent surtout contre cette tendance du troisième pouvoir de l'état à absorber les droits réservés au roi sur l'administration : ils déclarèrent que la prérogative royale serait compromise si l'on admettait l'espèce de *sommation* faite au roi de choisir entre ses ministres et la chambre. Parodiant les belles paroles de Mirabeau dans la séance du 23 juin 1789, M. Guernon-Ranville déclara que : appelés au timon des affaires par la volonté du roi, lui et ses collègues ne l'abandonneraient que par les ordres du roi. « Nous nous présentons au milieu de vous, la charte à la main ajouta ce ministre; fidèles aux loyales inspirations du père de la patrie, nous marcherons invariablement dans les voies constitutionnelles ; ni les outrages, ni les menaces ne nous feront dévier de la ligne que nous trace l'honneur et le devoir... Si, par faiblesse ou par erreur, nous étions assez malheureux pour conseiller au roi des mesures de nature à compromettre l'indépendance de la couronne ou les franchises nationales ; la réprobation de nos concitoyens, la sévérité des chambres feraient promptement justice de ces coupables écarts ; nous acceptons sans réserve toute cette responsabilité. »

Ce discours, auquel les événemens du mois de juillet de la même année donnèrent une grande importance, fut accueilli par les applaudissemens du côté droit ; les centres l'avaient même écouté avec une faveur marquée; mais M. Dupin aîné ne les laissa pas long-temps sous l'impression de ce manifeste : il répondit éloquemment aux reproches que le ministre avait adressés à la chambre. « Nous n'hésitons pas à le déclarer, dit-il en terminant sa brillante improvisation ; non, il n'existe aucune sympathie entre l'administration et le pays ; nulle sympathie entre elle et nous. »

Dans les débats, le parti libéral avait cité l'exemple du *cinq septembre* 1816. M. de Chantelauze répondit que, s'il fallait une épreuve de ce genre, c'était un *cinq septembre monarchique* que le ministère conseillerait au roi, comme étant le seul moyen constitutionnel de mettre un terme à la licence de la presse, au débordement des passions politiques et aux inquiétudes du pays.

Malgré leurs argumens monarchiques, les ministres et leurs amis eurent la douleur de voir adopter les paragraphes tels qu'ils avaient été présentés par la commission ; ils ne purent pas même faire passer un amendement proposé par M. de Lorgeril, qui tendait à rendre l'attaque contre le cabinet moins directe. « La vérité a déjà assez de peine à pénétrer jusqu'au cabinet des rois, disait M. Guizot à l'occasion de cet amendement; ne l'y envoyons point faible et pâle; qu'il ne soit pas plus possible de la méconnaître que de se méprendre sur la loyauté de nos sentimens. »

— « Si la vérité est un devoir, ajoutait le général Sébastiani, pourquoi l'éluder par un amendement qui ne la présenterait que

sous un demi-jour? Il faut exposer toute l'étendue du mal, afin
que la sagesse royale avise aux remèdes qu'il convient d'y ap-
porter. »

Ce fut vainement que le nouveau député de la Haute-Loire,
M. Berryer fils, révéla à la France, dans cette mémorable discussion, le talent de tribune qui l'a ensuite placé au premier
rang de nos orateurs; M. Berryer, défendant une cause impopulaire, échoua devant la volonté inébranlable de la majorité de la
chambre; et l'adresse proposée par la commission fut votée par
deux cent vingt et une boules blanches contre cent quatre-vingt-
une boules noires.

A ce nombre de deux cent vingt et un, devenu si célèbre dans
nos fastes parlementaires, il fallait encore ajouter une trentaine
de voix qui s'étaient prononcées pour l'amendement de M. de
Lorgeril, mais qui n'en étaient pas moins contre le ministère.
Ainsi, sa défaite fut entière : il se trouva même abandonné par
beaucoup de magistrats et de fonctionnaires publics amovibles,
dont le suffrage n'avait jamais manqué au gouvernement. Le vote
si important d'une adresse aussi hostile démontra que le ministère n'avait plus pour lui qu'environ cent cinquante voix sur
quatre cent cinquante membres dont se composait la chambre : en
peu d'années, cette majorité de trois cents voix, que M. de Villèle se vantait d'avoir inféodées au ministère, se trouvait revenue
à l'opposition libérale.

Ce résultat aurait dû être le signal de la retraite du ministère
anti-national que le parti de l'étranger et de l'émigration avait
imposé à la France, mais les hommes de la contre-révolution étaient
trop bien appuyés à la cour pour céder devant de pareilles manifestations de l'opinion publique : ils se raidirent contre cette
opinion; et laissèrent engager le trône dans une lutte qui ne leur
était d'abord que personnelle. Le lendemain du vote de l'adresse,
une feuille royaliste que la colère enflammait, s'écriait : « Le
grand événement du jour a mis la pensée et l'insolence du parti
libéral à découvert... Nous allons voir si le trône s'abaissera devant lui. » Ce peu de mots dévoilait la pensée du ministère : il
ne voulait pas se retirer; et dès lors il fallait s'attendre aux coups
d'état.

On agita d'abord dans le conseil la question de savoir si le roi
ne devait pas refuser de recevoir l'adresse; mais, réfléchissant
que cet acte négatif n'était propre qu'à éluder les difficultés de la
position, tandis qu'il fallait les vaincre en inspirant à la volonté
royale toute l'énergie qui entrait dans les moyens du parti de la
cour, on décida que la grande députation de la chambre serait
reçue comme à l'ordinaire.

Elle fut donc introduite le 18 mai, avec le cérémonial d'usage.
Elle se trouvait plus nombreuse que de coutume; car si quelques membres désignés par le sort pour faire partie de cette
grande députation ne crurent pas devoir accepter une mission
qui leur répugnait, plusieurs autres députés sollicitèrent la faveur d'accompagner leur président. La salle du trône offrait en

ce moment-là le spectacle le plus curieux : on lisait sur toutes les figures l'embarras de la situation où se trouvaient également et les députés et les courtisans; ce qui n'empêcha pas le président de la chambre de remplir son devoir : l'adresse fut lue par lui d'une voix grave, et le roi, qui avait écouté cette lecture avec un calme apparent, fit à la députation cette réponse sèche et dure, que le conseil avait délibérée par avance.

« Messieurs, dit-il, j'ai entendu l'adresse que vous me présentez au nom de la chambre des députés.

» J'avais droit de compter sur le concours des deux chambres pour accomplir tout le bien que je meditais; mon cœur s'afflige de voir les députés des départemens déclarer que, de leur part, ce concours n'existe pas.

» Messieurs, j'ai annoncé mes résolutions dans mon discours d'ouverture de la session; ces résolutions sont immuables; l'intérêt de mon peuple me défend de m'en écarter.

» Mes ministres vous feront connaître mes intentions. (1). »

Personne ne se méprit aux intentions de Charles X; et quand, le lendemain, le ministre de l'intérieur remit au président de la chambre des députés une proclamation du roi portant prorogation de la session du 1ᵉʳ septembre suivant, tous les partis comprirent qu'il s'agissait d'une dissolution et non d'une prorogation (2). C'était une rupture sans retour entre la chambre des députés et le ministère, et cette rupture, devant avoir pour résultat immédiat la suspension du vote du budget, était un fait des plus graves.

Cependant les partis qui divisaient les chambres et la nation

---

(1) Si l'on est frappé de l'analogie qui existe entre la situation où se trouvait Louis XVI à l'égard de l'assemblée constituante, le 23 juin 1789, et celle où était Charles X, le 19 mars 1830, envers la chambre des députés, on doit l'être bien d'avantage de la similitude que l'on aperçoit entre les paroles prononcées par le premier de ces deux rois à la fameuse séance royale, et la réponse de Charles X à l'adresse de la chambre des députés; il n'a manqué, en 1830, que la nouvelle séance du *Jeu de Paume*, invoquée par Labbey de Pompières, pour que ces deux époques se ressemblassent parfaitement. Voici l'extrait du discours de Louis XVI : « Vous venez, Messieurs, d'entendre mes résolutions; elles sont immuables parce qu'elles sont conformes au vif désir que j'ai d'opérer le bien public; et si vous m'abandonniez dans une si belle entreprise, je ferai le bien de mes peuples seul... Je marcherai vers le but que je veux atteindre avec tout le courage et la fermeté qu'il doit m'inspirer. Mes ministres vous feront connaître mes intentions. »

(2) On a su depuis que, dès l'instant ou M. de Polignac avait reconnu l'impossibilité d'avoir la majorité dans la chambre des députés, il avait écrit au duc de Wellington, alors ministre dirigeant du cabinet de Londres, pour le consulter sur la conduite que le gouvernement français devait tenir. Wellington aurait, dit-on, conseillé la prorogation comme un moyen de donner au ministère de Charles X le temps de se préparer aux coups d'état dont on prévoyait la nécessité. Il paraît même qu'il avait engagé M. de Polignac à provoquer un congrès de rois où serait exposé l'état alarmant de la France, et dans lequel on demanderait l'appui de baïonnettes étrangères pour soutenir les coups d'état. Ces coupables intrigues ont eu lieu en effet, et l'on peut affirmer que Wellington a pris la part la plus active aux événemens qui ont précipité du trône Charles X. C'est Wellington qui a enfanté le ministère Polignac; c'est lui qui l'a poussé et encouragé : la France lui doit une couronne civique.

trouvèrent tous des motifs de jubilation dans ce coup d'état : les royalistes le célébrèrent comme un acte d'énergie par lequel la royauté se plaçait au dessus de ce qu'ils appelaient les insolentes prétentions des libéraux ; tandis que ceux-ci se félicitaient de ce qu'ils regardaient comme un triomphe qui, pour être ajourné, n'en serait que plus éclatant.

. . . .

. . . .

—

CHAPITRE XII.

(1830.)

Voilà donc le ministère Polignac lancé dans les coups d'état. La chambre des députés lui a dép u, et aussitôt il a trouvé dans l'élasticité du système dit représentatif un moyen légal de s'en débarrasser ; il l'a prorogée, en attendant qu'il soit en mesure de prononcer sa dissolution. Maintenant toutes ses batteries vont se diriger contre la presse et le parti libéral qu'il veut dépopulariser ; il va développer tous ses moyens pour exercer sur les élections l'influence que lui donne sa position. Les deux mois qui lui sont nécessaires pour se remettre de l'échec qu'il vient d'éprouver, il va les employer à consolider son pouvoir ébranlé.

En ce moment le ministère obtint quelques fiches de consolation : M. Guernon-Ranville fut élu député dans le département de Maine-et-Loire, et M. Dudon l'avait emporté à Nantes, sur M. de Vatimesnil, son compétiteur. Les tribunaux lui donnèrent aussi quelques satisfactions des journaux libéraux : le *National*, le *Globe*, le *Nouveau Journal de Paris* et celui du *Commerce* furent condamnés à des peines plus ou moins sévères, tandis que les feuilles et les écrivains du parti royaliste, qui avaient prôné ouvertement l'absolutisme et poussé le ministère au renversement de la charte, insulté la chambre et la magistrature, furent scandaleusement acquittés ; ce qui leur donna une audace nouvelle pour prêcher les coups d'état.

Le ministère faisait semblant de les désavouer ; mais il agissait de manière à ne laisser aucun doute sur ses intentions. Jusquelà, il avait eu quelques ménagemens pour les fonctionnaires consciencieux qu'il supposait hostiles à ses doctrines : dès que la chambre fut prorogée, il changea de système, et destitua impitoyablement tous les agens amovibles de l'administration soupçonnés de désapprouver ses desseins. M. de Calmon, directeur des domaines, qui avait voté pour l'adresse, fut remplacé, ainsi que plusieurs préfets ; leurs fonctions furent confiées à des hommes connus par leurs opinions royalistes exagérées ; et tandis que les rigueurs du ministère frappaient les fonctionnaires qui avaient laissé apercevoir quelques velléités d'indépendance, les faveurs du pouvoir récompensaient ceux qui avaient montré le plus de servilité.

Tout en prenant des précautions pour l'avenir, le ministère ne perdait pas de vue l'expédition contre Alger, objet de toute sa sollicitude. L'opposition s'était élevée, soit dans les journaux, soit à la tribune, contre cet armement, qu'elle regardait comme devoir être ruineux pour le trésor et désastreux pour les libertés publiques. Elle voyait très bien que le désir de venger l'injure faite au pavillon du roi n'était que le prétexte dont le gouvernement couvrait ses vues : elle ne pouvait douter que l'objet réel de cette entreprise colossale ne fût de réveiller l'esprit militaire au profit de la restauration, d'éblouir un peuple si éminemment sensible à la gloire des armes, d'opposer les soldats aux citoyens, et de donner au ministère la force d'opérer le coup-d'état qu'il méditait depuis longtemps.

Il fallait que le gouvernement attachât en effet à cette expédition une autre importance que celle d'aller détruire un repaire de pirates, pour ne tenir aucun compte ni de l'opinion qui blâmait cet armement, ni des difficultés de l'entreprise, sur lesquelles les militaires et les marins, consultés par le ministère, s'étaient montrés d'accord, ni enfin de la résistance qu'il pouvait trouver dans les chambres. Le gouvernement y mit une opiniâtreté qui n'indiquait que trop clairement ses vues. Les trésors de l'état furent prodigués illégalement et sans l'intervention des chambres, pour réunir à Toulon trente-cinq à quarante mille hommes des meilleures troupes, une artillerie formidable et un matériel immense. Des ordres furent donnés pour armer dans les divers ports militaires de la France une forte escadre, et enfin, on s'occupa de noliser trois à quatre cents bâtimens de transport. Les trompettes du parti royaliste sonnèrent si haut les fanfares de gloire qu'elles imposèrent silence à l'opposition.

Les troupes et les bâtimens de l'expédition étaient déjà en route pour Toulon qu'on ignorait encore le nom du général à qui devait être dévolu le commandement de cette armée : plusieurs maréchaux s'étaient offerts; mais le succès que le ministère se promettait eût été incomplet s'il l'eût obtenu par l'un de ces guerriers, orgueil de la France, qui avaient si souvent conduit nos soldats à la victoire : il fallait au ministère Polignac un homme à qui il pût confier ses desseins : cet homme fut le ministre de la guerre qu'il s'était associé, ce même Bourmont, dont le nom seul était un manifeste éclatant contre l'opinion publique. Sous prétexte que le service du roi n'aurait qu'à gagner à ce que le général chargé de ce commandement eût en même temps la direction de la guerre et celle des préparatifs de l'expédition, l'important commandement de la plus formidable expédition qui eût été faite depuis long-temps fut confiée à un simple lieutenant-général, qui ne se recommandait que par les atteintes qu'il avait portées à l'honneur des armées françaises.

Ce choix, auquel concoururent de toute leur influence le duc d'Angoulême et l'émigration, acheva de révolter la France contre le gouvernement. Le sentiment national fut blessé de ce que le roi n'avait pas trouvé de général plus digne de commander une armée de Français que le chef des derniers Vendéens, que le transfuge de Waterloo. La nation ne se méprit pas sur la signification de ce fait grave ; et, si elle accompagna de ses vœux ses soldats et ses marins, il fut facile d'apercevoir combien l'expédition en elle-même était peu populaire.

Cependant le général en chef ministre de la guerre, en poussa les immenses préparatifs avec une prodigalité qui eut sut suffi pour le faire mettre en accusation. Il désigna lui-même les régimens de choix qui devaient y être employés, et les officiers-généraux qui devaient les commander ; composa le matériel de tout ce que les arsenaux contenaient de mieux confectionné ; passa les marchés pour les munitions, les subsistances, les affrétemens, et influença même le choix de l'amiral qui devait concourir avec lui à la conquête d'Alger. Ce choix tomba sur le vice-amiral Duperré, auquel on devait des renseignemens précieux sur les chances de l'expédition. M. de Bourmont mit ainsi son nom sous le manteau de la popularité de ce brave marin.

Le 19 avril, le général désigné par le roi et son conseil pour commander l'expédition au succès de laquelle les royalistes attachaient le salut de la monarchie, partit pour Toulon, où il fut suivi par le ministre de la marine, qui voulut inspecter lui-même les préparatifs de son département. Le portefeuille de la guerre fut laissé entre les mains du président du conseil, afin d'assurer l'intimité des rapports entre ce département ministériel et le chef de l'expédition. Quelques jours après, le duc d'Angoulême fit lui-même le voyage de Toulon pour aller encourager les soldats et les marins. On lui offrit le magnifique spectacle d'une rade sur laquelle on comptait près de cent bâtimens de guerre et environ quatre cents transports. L'héritier du trône assista ensuite à une fête militaire où fut simulé le débarquement en Afrique ; et le grand-amiral de France retourna à Paris, convaincu par l'expérience qu'il avait vu faire dans la rade de Toulon, qu'il ne faudrait pas plus de quelques minutes pour débarquer les troupes avec leurs chevaux et leurs bagages, et pour mettre l'armée et son artillerie en bataille sur le rivage d'Alger. Telle était l'opinion de ce grand amiral.

Sûr du succès d'une entreprise qui devait lui donner de la popularité, le ministère, poussé, dit-on, par un parti tout-puissant auprès du roi, ne rêva plus que coups d'état, et se précipita en aveugle dans cette nouvelle série de fautes au bout desquelles il y avait pour lui et pour la royauté un abîme insondable. La dissolution de la chambre des députés fut aussitôt demandée par le parti de l'absolutisme ; mais elle ne fut pas résolue sans quelques dissentimens dans le conseil. MM. de Couvoisier et de Chabrol, les deux membres du ministère qui représentaient l'opinion modérée, s'y montrèrent opposés. « Il est rare, porte le rapport fait à la chambre des pairs par M. Bérenger sur la mise en accusation des ministres de Charles X ; il est rare de trouver sept hommes également disposés à braver l'opinion publique pour renverser les lois et les institutions. Deux ministres reculaient devant les projets de leurs collègues, et paraissaient en redouter la terrible responsabilité. Il fallut songer à les remplacer ; et, comme on avait besoin d'hommes d'action, on chercha parmi nos célébrités politiques celles qui avaient donné le plus de gages à la contre-révolution, et dont, par conséquent, le caractère devait être le plus antipathique au pays.

« M. le comte de Peyronnet, dont le nom rappelait si tristement le souvenir de l'administration flétrie par la dernière chambre ; M. de Peyronnet, sur lequel, outre une accusation générale non encore purgée, pesait de tout son poids celle relative aux cruautés et au déni de justice envers les hommes de couleur de la Martinique, reçut le portefeuille de l'intérieur. Son caractère entreprenant le fit juger propre à diriger l'accélération du mouvement qu'allait recevoir cette branche de l'administration publique.

» Un démembrement du même ministère fut donné à M. le baron Capelle : il s'était montré habile dans l'art de conduire les élections : ce fut son titre à la faveur.

» Enfin, M. de Chantelauze avait fixé sur lui l'attention de la couronne par le vœu exprimé dans la précédente session de voir s'opérer un *cinq septembre monarchique ;* les sceaux lui furent confiés (1). »

Le même rapporteur, après avoir démontré que les nouveaux choix étaient dus à l'influence de M. de Polignac sur la volonté de Charles X, avec lequel il était d'ailleurs parfaitement d'accord, ajoute : « Ainsi, c'était une pensée en dehors du cabinet, une influence étrangère qui dictait les nouveaux choix ; les ministres maintenus ne les connurent que par le *Moniteur* Cette pensée, cette influence étrangère, M. de Polignac en avait seul le secret : il réunissait autour de Charles X les ministres qu'il jugeait les plus ardens à seconder ses vues. »

Avant la modification du cabinet, le ministère s'occupait d'obtenir des élections favorables ; le mouvement ministériel accompli, il se livra tout entier à ce soin.

Chaque ministre fit sa circulaire ; chaque directeur-général la répéta à ses subordonnés ; chaque agent secondaire la transmit aux employés inférieurs. Cette succession de menaces, de promesses, d'injonctions, pénétrant dans tous les rangs de l'administration, y portait avec la corruption l'effroi, et ne laissait d'autre alternative aux fonctionnaires que de perdre leurs emplois, les moyens d'existence de leurs familles, ou de manquer à leurs devoirs envers le pays, en secondant un ministère qui le trahissait. M. de Montbel, dans ses circulaires adressées aux agens des fi-

---

(1) Ce même rapport contient des fragmens de lettres intimes de M. de Chantelauze qui expriment combien il avait de la répugnance à entrer dans un pareil ministère ; il y fut en quelque sorte contraint par la volonté personnelle de Charles X et de son fils.

nances, disait : « Si, en retour de la confiance que le gouvernement du roi lui témoigne, un fonctionnaire public refusait d'u-
nir ses efforts aux siens et se mettait en opposition avec lui, il
briserait lui-même les liens qui l'attachent à l'administration, et
n'en devrait plus attendre qu'une sévère justice. »

M. Peyronnet ajoutait à ces paroles menaçantes un système
organisé de délation : « A l'égard des fonctionnaires, vous me
donnerez sur leur conduite, disait-il aux préfets, des renseignemens confidentiels ; je ne les ferai connaître qu'à leurs ministres
respectifs, qui prendront à leur égard les mesures que leur dictera leur prudence. »

En effet, M. Peyronnet s'empare de la direction des élections ;
sa correspondance devient d'une effrayante activité : il excite,
il aiguillonne les autres ministres, ses collègues. Il leur dénonce
les fonctionnaires timides, afin qu'ils soient admonestés et changés de résidence ; et enfin ceux qui paraissent peu disposés à
voter pour le ministère, *pour que justice en soit promptement
faite* !

« La commission, a dit le rapporteur, M. Béranger, a parcouru cette correspondance de la haute administration avec ses
agens et des agens avec l'administration : *le sentiment qu'elle a
éprouvé est celui d'un dégoût profond, lorsqu'elle a vu le degré de
perversité du ministère et le degré d'avilissement dans lequel un grand
nombre de fonctionnaires de tous les ordres sont tombés : elle n'hésite pas à le reconnaître ; c'en était fait de la morale publique parmi
nous, si cet odieux système se fût prolongé : qu'il en reste au moins
cette grande leçon ; que tôt ou tard tous les faits sont connus, tous
les actes jugés, et que celui qui a manqué à sa conscience ou à ses devoirs finit toujours par recevoir la punition de sa faiblesse.* »

Il ne faut pas oublier d'ajouter aux faits dévoilés par le rapport de M. Béranger que le clergé ne se mêla que trop des affaires temporelles du royaume : il employa partout les moyens
d'influence que lui donnaient les congrégations pour intervenir
dans les élections et pour appuyer les projets contre-révolutionnaires du gouvernement : un grand nombre d'évêques firent des
mandemens à ce sujet ; mais le ministère avait bien moins solli-
cité les prières des prélats que leur appui politique. Néanmoins,
ce fut à peu près à cette époque, qu'eut lieu à Paris, la fameuse
procession pour la translation des reliques de Saint-Vincent-de-
Paule ; procession où figurèrent trois à quatre mille prêtres, lé-
vites ou pères des écoles chrétiennes, auxquels s'étaient joints
une foule de personnages couverts de broderies et de décora-
tions. La population de Paris se montra plus étonnée qu'édifiée
par le spectacle qu'on offrait à ses yeux, et l'Archevêque ordon-
nateur en fut pour un procès scandaleux que lui attira, plus tard,
le non paiement de la châsse qu'il avait fait faire pour éblouir le
peuple.

A tous ces moyens d'influence et de corruption, les ministres
ne craignirent point d'ajouter un acte de la plus haute importance : ils firent descendre le roi lui-même dans l'arène des élec-

tions, et engagèrent la couronne dans un combat personnel avec chaque électeur. Quelques jours avant celui fixé pour la réunion des colléges, Charles X adressa aux Français la proclamation suivante, qui fut l'objet des critiques les plus vives de la part des journaux libéraux.

« Français, disait le roi; la chambre des députés a méconnu mes intentions. J'avais droit de compter sur son concours pour faire le bien que je méditais : elle me l'a refusé! comme père de mon peuple, mon cœur s'en est affligé; comme roi, j'en a ai été offensé. J'ai prononcé la dissolution de cette chambre.

» Français, votre prospérité fait ma gloire; votre bonheur est le mien. Au moment où les colléges électoraux vont s'ouvrir sur tous les points du royaume, vous écouterez la voix de votre roi.

» Maintenir la charte constitutionnelle et les institutions qu'elle a fondées, a été et sera toujours le but de mes efforts.

» Mais pour atteindre ce but, je dois exercer librement et faire respecter les droits sacrés qui sont l'apanage de ma couronne.

» C'est en eux qu'est la garantie du repos public et de vos libertés. La nature du gouvernement serait altérée; si de coupables atteintes affaiblissaient mes prérogatives; je trahirais mes sermens si je les souffrais...

» Rassurez-vous donc sur vos droits; je les confonds avec les miens, et les protégerai avec une égale sollicitude.

» Ne vous laissez pas égarer par le langage insideux des ennemis de votre repos. Repoussez d'indignes soupçons et de fausses craintes, qui ébranleraient la confiance publique et pourraient exciter de graves désordres. Les desseins de ceux qui propagent ces craintes échoueront, quels qu'ils soient, devant mon immuable résolution. Votre sécurité, vos intérêts ne seront pas plus compromis que vos libertés; je veille sur les uns comme sur les autres.

» Electeurs, hâtez-vous de vous rendre dans vos colléges. Qu'une négligence répréhensible ne les prive pas de votre présence! Qu'un même sentiment vous anime, qu'un même drapeau vons rallie! C'est votre roi qui vous le demande; c'est un père qui vous appelle.

» Remplissez vos devoirs, je saurai remplir les miens. »

Jamais on n'avait vu un plus grand oubli des formes constitutionnelles; jamais on n'avait mis dans la bouche du roi un langage plus propre à lui aliéner l'opinion. Aussi les citoyens de toutes les classes, menacés dans leurs plus chers intérêts, se disposèrent-ils à défendre avec les armes de la loi les aggressions d'un pouvoir qui semblait redouter tout ce qu'il avait d'indépendant, de noble, de généreux dans la nation. L'influence de la presse libérale et des associations était trop puissante pour ne pas faire tourner toutes les combinaisons matérielles au profit de la cause populaire (1). Déjà les électeurs des départemens avaient été in-

______

(1) L'opinion était tellement hostile au ministère, qu'elle fit peser sur lui l'ac-

vités à célébrer par des banquets et des ovations le retour des
députés qui avaient voté la fameuse adresse. Des cavalcades,
des festins, des sérénades eurent lieu partout où arriva quelqu'un
des *deux cent vingt-un;* et ces démonstrations, que l'autorité as-
saya vainement de réprimer dans quelques villes, servirent à
tenir les électeurs et les populations en haleine, en attendant les
élections générales.

Quand l'ordonnance de convocation des colléges parut, les libéraux se trouvaient en mesure d'entrer en lutte. Les électeurs
du parti national avaient montré beaucoup de zèle à assurer leurs
droits et à écarter les instrus que les préfets avaient voulu faire
entrer dans les colléges. La société de Paris *Aide-toi le ciel t'ai-
dera* n'avait négligé aucune des instructions nécessaires pour
assurer le triomphe du parti qu'elle réprésentait : la liste des candidats avait été envoyée dans chaque arrondissement, et l'on y
recommandait surtout la réélection des *deux cent vingt-un* qui
avaient eu le courage de voter la derniere adresse.

De son côté, le ministère venait aussi d'indiquer ses sympa-
thies par la nomination des présidens des colléges électoraux, et
ces choix portaient sur quatre-vingt-onze des anciens députés
qui avaient voté contre cette adresse, et sur beaucoup de royalistes qui, dans les précédentes assemblées, avaient fait partie
des *trois cents* députés dévoués au ministère Villèle.

Les deux partis, celui de la cause nationale et celui du ministère Polignac, allaient se rendre sur le champ de bataille électoral, quand parut une ordonnance qui ajournait d'une vingtaine
de jours les élections dans vingt départemens. Le ministère, af-
fectant la plus grande impartialité relativement aux difficultés en
matière d'élections dont les cours royales étaient saisies, arrêta
que les colléges de ces départemens ne nommeraient leurs députés que lorsque ces difficultés seraient vidées, prétextant qu'il
voulaient ainsi donner aux électeurs les moyens de faire valoir
leurs droits. Mais on ne se méprit par aux véritables motifs qui
avaient dicté cette mesure inouïe et propre à surprendre la
France au moment où les citoyens quittaient leurs foyers pour se
rendre à leurs colléges respectifs : les vingt départemens dont
on ajournait les élections étaient précisément ceux qui s'étaient
le plus signalés par l'indépendance de leurs choix; et le ministère, dans ses calculs machiavéliques, n'avait eu pour but réel
que de les empêcher de prendre l'initiative des élections, et
d'exercer une sorte d'entraînement sur les autres départemens
qu'on regardait comme moins hostiles au cabinet.

Malgré toutes ces honteuses manœuvres, le ministère eut la
douleur d'apprenlre que les premières élections, celles du 22 et
du 24 juin, lui avaient été beaucoup plus défavorables qu'à aucune autre époque : sur cent quatre-vingt-dix-huit députés élus

cusation la plus grave, celle d'être le promoteur des incendies qui désolaient dans
ce moment plusieurs contrées, et notamment la Normandie, où ce crime effrayant
semait partout l'épouvante et l'irritation.

par les colléges d'arrondissement non ajournés, l'opposition avait obtenu *cent dix* réélections des *deux cent vingt-un* et *trente-un* libéraux plus ou moins prononcés. C'était plus des deux tiers de ses candidats; tandis que le gouvernement n'avait pu en obtenir que *cinquante-cinq*, parmi lesquels quarante seulement de ceux qui avaient voté contre l adresse.

C'était une grande défaite; mais le ministère se flattait encore de pouvoir la réparer dans les cinquante-neuf colléges du double vote. Il n'y obtint qu'une majorité inférieure à celle qu'il y avait toujours eue.

Restaient les élections des vingt départemens ajournés. Le cabinet regardait comme un grand bonheur de pouvoir annoncer, dans l'intervalle, a nouvelle de la prise d'Alger. Ses espérances se réalisèrent, et il se crut en droit de braver l'opinion publique.

L'expédition avait mis à la voile du 25 au 27 du mois de mai : elle était formidable et propre à faire non seulement la conquête de l'Algérie, mais encore celle de toute l'Afrique (1). Dès le 29, l'expédition était en vue d'Alger; mais le mauvais temps la força de reprendre le large et d'aller chercher un abri sous le vent des îles Baléares ou dans la baie de Palma. Ce ne fut que le 10 juin que l'amiral Duperré put se remettre en route. Le 23 juin, il était à deux lieues d'Alger : La flotte défila devant la ville et se dirigea vers la baie de Sidi-Ferruch, lieu choisi pour le débarquement de l'armée. Une partie des troupes y fut mise à terre dans la journée du 14, sans éprouver d'autres difficultés que quelques coups de canon tirés des batteries élevées par les Algériens sur les hauteurs qui couronnent la baie. Dans la journée, le feu des Arabes étant devenu inquiétant, ordre fut donné à la première division de tourner les batteries et d'en expulser les Algériens : ce qui fut exécuté avec résolution.

Le général du génie Valazé traça alors une ligne de retranchemens propres à fermer, du côté de la terre, la presque-île de Sidi-Ferruch, et on fit de ce camp retranché le dépôt général de l'armée pendant les opérations de la campagne. Le 15, toute la ligne d'avant-postes se trouva engagée : des masses d'Arabes, embusqués hors de la portée des fusils européens, ou portés par des chevaux infatigables, firent beaucoup de mal aux Français. Il fallut recommencer le lendemain cette guerre meurtrière et ingrate, et pousser en même temps les travaux de retranchement. La situation de l'armée française était déjà inquiétante, lorsqu'un ouragan mit en danger la flotte. Pendant vingt-quatre heures,

---

(1) Elle se composait de onze vaisseaux de ligne, vingt-trois frégates, sept corvettes de guerre, vingt-six bricks, vingt-six corvettes de charge ou bombardes, sept bateaux à vapeur, en tout environ cent trois bâtimens de guerre; trois cent soixante-dix-sept navires de transport, cent quarante bataux catalans, cinquante-cinq chalans et trente bateaux plats ou radeaux; la marine militaire seulement y comptait vingt-sept mille marins. L'armée de terre se composait de trente-sept mille cinq cent sept hommes de toutes les armes; elle avait cent quatre-vingt bouches à feu de siége ou de campagne, et un immense matériel.

la plupart des gros vaisseaux se trouvèrent en état de perdition,
tandis que plusieurs transports furent jetés à la côte par la violence du vent de nord-ouest. La pluie, qui tomba par torrens,
inonda les tentes, les barraques et le camp tout entier : le moral
du soldat en souffrit.

Il fallut sortir de cette situation par une bataille devenue d'autant plus nécessaire que les Arabes recevaient journellement des
renforts de Constantine et d'Oran. Cependant, le général en chef
restait indécis : il aurait voulu ne livrer cette bataille que lorsque
le matériel, qui était resté en arrière, serait arrivé et débarqué.
Les Arabes le prévinrent. Le 19 juin, à la pointe du jour, la première colonne des Algériens descendit du plateau où le gendre
du dey, Ibrahim, général en chef, avait donné rendez vous aux
Arabes et aux contingens des beys. Leur attaque fut si impé-
tueuse, que rien ne put arrêter leur élan : les janissaires arrivèrent jusqu'à planter leur drapeau au milieu des bivouacs français : pendant longtemps on ne se battit qu'à l'arme blanche. La
victoire restait indécise, lorsque la division d'Escars, accourue
du camp de Sidi-Ferruch pour soutenir les autres troupes, tourna
les Arabes. Ce mouvement décida du succès de la journée de
Staoueli. Les janissaires et les milices durent se retirer devant
la mitraille que vomissait l'artillerie de nouveau modèle, et bientot les redoutes et le camp d'Ibrahim furent au pouvoir des Français.

Suivant leur habitude, les Arabes se dispersèrent; mais lorsqu'on croyait qu'il n'y avait qu'à marcher sur Alger, on les vit
attaquer le nouveau camp des Français. Ils furent encore
repoussés, sans que leurs défaites les empêchassent de revenir
le lendemain harceler l'avant-garde. Du 24 au 28 juin, ils firent
éprouver de grandes pertes aux divisions Berthezène et d'Escars,
qui avaient successivement occupé le poste d'honneur.

Cependant, le dernier convoi était enfin arrivé; il portait la
grosse artillerie, les chevaux du train, les munitions et le matériel dont on avait besoin pour entreprendre le siége d'Alger. Ce
matériel fut débarqué par les marins avec une extrême prompti-
tude. L'armée française se mit en marche sur cette ville, et arriva, toujours en combattant, sur le point culminant au-dessous
duquel se trouvaient le fort de l'Empereur, la Casauba, la ville
d'Alger et les batteries de la côte. Là, il fallut encore soutenir un
combat des plus meurtriers, où le salut de l'armée se trouva un
instant compromis.

Les Turcs, ayant été obligés de rentrer dans Alger, et les
Arabes se trouvant refoulés sur la côte à l'est de la ville, rien ne
s'opposa plus à l'investissement du château de l'Empereur, qu'il
fallait réduire avant de pouvoir attaquer la ville par terre. La
tranchée fut ouverte et les travaux poussés avec une activité
d'autant plus nécessaire que le feu du château faisait journellement éprouver de grandes pertes aux assiégeans.

Pendant qu'on établissait les batteries contre le fort de l'Empereur, l'amiral Duperré faisait une brillante et utile diversion du

côté de la mer. Tous les forts maritimes furent attaqués par la flotte entière, qui défila à demi-portée de canon, en tirant des bordées qui jetèrent l'épouvante dans la ville basse. Cette attaque avait principalement pour but d'attirer sur la côte les canonniers algériens, afin de faciliter les travaux du siége.

Enfin, le 4 juillet à la pointe du jour, toutes les batteries françaises démasquées commencèrent un feu des plus terribles. Les Turcs y répondirent longtemps avec un courage et une constance dont on ne les croyait pas capables. Pendant cinq heures les boulets, les bombes, les obus des Français portèrent la destruction et la mort dans cette redoutable forteresse : on ne voyait plus que décombres et monceaux de cadavres, quand les faibles restes de la garnison se réfugièrent dans la tour, avec la résolution d'y mourir. Mais le dey, apprenant ces tristes détails, ordonna d'évacuer le fort et de le faire sauter, dans l'espoir d'écraser les Français sous ses débris. Les assaillans se préparaient à l'assaut lorsqu'une épouvantable détonation se fit entendre. Le château et ses tours n'existaient plus.

Le dey, aveuglé par son opiniâtreté, s'était, dit on, flatté de l'espoir que le fort de l'Empereur arrêterait les Français jusqu'à la saison des pluies, et qu'alors leur destruction serait facile. Il passa tout à coup de la plus folle confiance au plus grand abattement : il voyait, en une seule journée, sa puissance renversée ; il se trouvait exposé à tomber lui-même entre les mains de ces chrétiens, auxquels, la veille encore, il prodiguait ses injures et son mépris. Tout était dans une confusion épouvantable ; l'esprit de révolte se manifestait déjà dans la ville. L'orgueil de ce petit tyran dut s'humilier : il envoya des parlementaires au général en chef ; et, après bien des pourparlers, il fut convenu que la ville d'Alger, tous ses forts et batteries seraient remises aux Français, qui, de leur côté, promirent de laisser au dey la vie, sa liberté et ses propriétés personnelles, pour en jouir dans le lieu qu'il choisirait. La même assurance fut donnée à la milice turque : enfin, le général en chef garantit aux habitans de toutes les classes que le libre exercice de leur religion, leurs propriétés, leur commerce, leur industrie seraient inviolablement respectés.

Telles furent les conditions de la capitulation d'Alger : on eut bien de la peine à les faire ratifier par le divan, et on n'y réussit qu'après plusieurs délibérations des plus orageuses. Les Algériens encore sous l'impression de la canonnade du matin, se résignèrent. Les hostilités cessèrent sur terre comme sur mer, et le 5 juillet au matin, l'armée française entra dans la ville et prit possession des forts.

La nouvelle de la prise d'Alger arriva à Paris au moment où les colléges des vingt départemens ajournés allaient s'assembler. Elle fut célébrée par le parti royaliste de manière à laisser croire qu'il s'agissait de tout autre chose que d'un triomphe remporté sur quelques peuplades barbares : le clergé s'empressa de chanter un *Te Deum* solennel, auquel le roi et sa famille assistèrent. Et, pour que les libéraux ne se méprissent pas sur les intentions de

leurs ennemis, l'archevêque s'exprima d'une maniere peu équivoque sur la nécessité où se trouvait le roi de persister dans le
système adopté depuis quelque temps.

Cependant, on remarqua que la joie officielle ne fut pas parta-
gée par le peuple, et ne s'étendit guère au-delà du cercle de la
cour. C'est que chaque citoyen prévoyait que les succès du général Bourmont ne pourraient qu'être funestes aux libertés publiques de la France ; c'est que les lauriers, conquis au profit de
la restauration ne pouvaient être qu'un sujet d'inquiétudes pour
le parti national : et, au milieu de la jubilation du ministère, on
ne parlait pas moins ouvertement de faire rendre au cabinet un
compte sévère des dépenses que, sans y être autorisé par les
chambres, il avait faites pour cette expédition.

Au reste, l'enthousiasme de la cour ne dura pas longtemps. Le
lendemain même de la cérémonie du *Te Deum*, et au milieu des
fêtes que l'on célébrait à Saint-Cloud en réjouissance de la prise
d'Alger, le roi, le ministère et la cour eurent le chagrin d'apprendre que les choix des électeurs de Paris s'étaient portés, à
une majorité des sept huitièmes des voix, sur les candidats regardés comme les plus hostiles au système. Et comme le résultat
des élections des dix-neuf autres départemens fut à peu près le
même, le gouvernement fut stupéfait.

En résumé, les nouvelles élections venaient de donner deux
cent soixante-dix députés libéraux, tandis que le ministère n'a-
vait pu réunir que cent quarante-cinq voix dévouées ; et, ce
qu'il y avait de plus mortifiant pour lui, c'est que deux cent deux
votans de l'adresse avaient été réélus, pendant qu'il n'avait pu
obtenir que quatre-vingt-neuf des cent quatre-vingt-un opposans recommandés par le gouvernement aux colléges du double
vote.

Devant un vœu public si généralement, si manifestement exprimé, un autre ministère n'eût pas balancé sur le parti qu'il
avait à prendre ; sa retraite eût été l'accomplissement de l'une
des conditions les plus nécessaires au gouvernement représentatif : il s'y fut soumis. Mais cette retraite eût, comme en 1827,
fait ajourner encore des projets qu'on était impatient de réaliser ;
et on ne voulait pas laisser échapper une occasion si favorable. Il
fut donc arrêté qu'on ferait tête à l'orage, qu'on braverait la nation, qu'on violerait la charte, les lois, et qu'on jetterait le pays
dans les perturbations plutôt que de céder. Ce pouvoir occulte,
mystérieux, qui dirigeait les plans de la contre-révolution, et
dont les combinaisons avaient toujours précédé les délibérations
du conseil, se mit à l'œuvre, et arrêta invariablement ses moyens
d'exécution (1).

(1) Ni le rapport de M. Bérenger ni celui de M. Bastard, ni même le procés des
ministres de Charles X, n'ont pu établir juridiquement qu'il y eût eu un complot
organisé de longue main contre le gouvernement constitutionnel de la France.
Mais ce complot n'en a pas moins excité, et on ne peut mettre en doute qu'il n'ait
été tramé à Londres entre Wellington, les ministres des cours du nord, et M. de
Polignac. Le ministère du 8 août a été le premier chaînon dont les conspira-

Dès lors, on ne s'occupa plus dans le conseil que des dispositions à prendre pour réaliser le développement de ce qu'un des
affidés de M. Polignac appelait la *pensée du huit août*. L'idée des
ordonnances, au moyen desquelles on voulait casser les élections, enchaîner la presse et établir un nouveau système électoral, y fut débattue ; et, si elle rencontra quelques répugnances,
la *volonté immuable* qui présidait le conseil les surmonta facilement. Personne, dans le ministère, n'élevait des doutes sur l'é-
tendue des droits que l'art. 14 de la charte donnait à la couronne,
personne ne doutait que le roi ne pût modifier, par ordonnances ;
les lois du pays, lorsque leur conservation comprommettait la
royauté.

La mesure étant reconnue légitime, chacun prépara son contingent : l'un rédigea l'ordonnance de dissolution (1) ; l'autre se
chargea du rapport contre la liberté de la presse (2) ; celui-ci
s'occupa du nouveau système d'élection (3) ; un quatrième, em-
brassant le coup d'état dans tous ses rapports, se chargea des
précautions militaires, et se mit en relation avec le général auquel fut confié le commandement de Paris (4).

Après quelques séances, sur lesquelles fut gardé le plus grand
secret, toutes les dispositions propres à compléter le système du
8 août furent enfin arrêtées. Ces mesures consistaient :

En une ordonnance prononçant la dissolution de la chambre
avant qu'elle eut été réunie ; genre d'attentat qui, dirigé contre
la représentation nationale, tendait à la détruire, puisque la
couronne s'attribuait un droit que la charte ne lui donnait pas,
celui de casser les opérations des colléges.

En une autre ordonnance qui annulait nos lois électorales, et
leur substituait un autre système, monument de déception, et
on pourrait de dire de folie, car il y avait folie à espérer qu'une
nation intelligente et éclairée consentirait à s'y soumettre. Par
ce système, le nombre des députés était réduit de 430 à 258.

---

teurs contre les restes de nos libertés se sont servis. Depuis lors, ils ont toujours
marché droit à leur but ; et dès qu'il ont rencontré un obstacle, ils l'ont franchi
aussitôt. Ainsi, la résistance de la chambre des députés a été brisée par la prorogation. Quand le duc d'Angoulême se crut assuré du succès de l'expédition
d'Alger, sur laquelle le ministère Polignac fondait tant d'espérances, il courut à
Paris assurer qu'on pouvait tout tenter ; et la dissolution de la chambre fut prononcée dès le lendemain. Deux ministres n'ayant pas voulu s'associer aux actes
que le gouvernement méditait, ils furent éliminés du conseil et remplacés par
les hommes les plus propres à seconder les vues des conspirateurs. Dès lors tout
fut mis en œuvre pour obtenir des élections favorables. Mais le ministère ayant
été désappointé de ce côté, il se crut assez fort pour casser les élections, et procéder à son grand coup d'état. Il comptait sur l'appui de l'armée qui venait de
conquérir Alger ; il comptait sur les camps de Saint-Omer et de Lunéville ; il
comptait sur la force brutale des baïonnettes ; heureusement pour la liberté, il
oublia de calculer les effets de la résistance de toute une nation qui supportait si
impatiemment la domination de la famille qu'elle avait déjà chassée deux fois.

(1) M. Peyronnet.
(2) M. de Chantelauze.
(3) M. Peyronnet.
(4) M. de Polignac.

Les colléges d'arrondissement se bornaient à présenter des candidats ; les colléges des départemens n'étaient tenus de choisir que la moitié des députés parmi ces candidats. La violation du secret des votes était consacrée ; enfin la formation des listes, privée de l'intervention salutaire des cours royales, était entièrement confiée à l'arbitraire de l'administration. Tel était le système électoral que le ministère Polignac avait la prétention d'imposer à la France.

Une troisième ordonnance convoquait les nouveaux colléges électoraux pour les 16 et 18 septembre, et les chambres pour le 28 du même mois. Mais comme toutes ces mesures auraient été sans effet si la presse périodique avait pu les discuter, une quatrième ordonnance révoquait les lois qui consacraient la liberté de la presse. On imposait à tout journal l'obligation de ne paraître qu'avec autorisation ; et on ajoutait à cette rigueur le principe de la plus odieuses des spoliations ; on déclarait que les presses et les caractères des journaux surpris en contravention seraient saisis et *mis hors de service.*

Enfin, l'établissement des cours prévôtales devait compléter ce système de contre-révolution : des ordres avaient déjà été donnés dans divers départemens pour les organiser (1).

Après avoir combiné l'ensemble de ce coup d'état, le cabinet jugea nécessaire de faire précéder ces mesures extraordinaires par une sorte d'exposé des motifs, sous la forme d'un rapport au roi. Ce document, qui n'est autre chose qu'un violent manifeste contre la presse périodique, tendait à démontrer que les journaux n'avaient jamais exercé que la plus funeste influence......

» Malgré une prospérité matérielle, dont nos annales n'avaient jamais offert d'exemple, des signes de désorganisation et des symptômes d'anarchie se manifestent sur presque tous les points du royaume.

» Les causes successives qui ont concouru à affaiblir les ressorts du gouvernement monarchique tendent aujourd'hui à en altérer et à en changer la nature : déchue de sa force morale, l'autorité, soit dans la capitale, soit dans les provinces, ne lutte plus qu'avec désavantage contre les factions ; des doctrines pernicieuses et subversives, hautement professées, se répandent et se propagent dans toutes les classes de la population ; des inquiétudes trop généralement accréditées agitent les esprits et tourmentent la société. De toutes parts on demande au présent des gages de sécurité pour l'avenir.

» Une malveillance active, ardente, infatigable, travaille à ruiner tous les fondemens de l'ordre et à ravir à la France le bonheur dont elle jouit sous le sceptre de ses rois. Habile à exploi-

---

(1) « On va jusqu'à nommer les hommes qui devaient en faire partie, dit **M. Bérenger** dans son rapport à la chambre des députés. Votre commission, à cet égard, n'a recueilli que des indices : à la chancellerie tout a été détruit. Dans les départemens, divers procureurs-généraux ont déclaré que leurs prédécesseurs, en quittant leurs parquets, avaient anéanti tout ce qui pouvait compromettre, soit eux-mêmes, soit la précédente administration. »

ter tous les mécontentemens et à soulever toutes les haines, elle fomente, parmi les peuples, un esprit de défiance et d'hostilité envers le pouvoir, et cherche à semer partout des germes de troubles et de guerre civile. . . . .

» A toutes les époques, disait M. de Chantelauze, la presse périodique n'a été et il était dans sa nature de n'être qu'un instrument de discorde et de sédition » et il ajoutait plus loin : « contre tant de maux enfantés par la presse périodique, les lois et la justice sont réduites à confesser leur impuissance..... D'impérieuses nécessités ne permettent plus de différer l'exercice de ce pouvoir suprême (celui que les royalistes attribuaient au roi en vertu de l'art. 14) : le moment est venu de recourir à des mesures qui rentrent dans l'esprit de la charte , mais qui sont en dehors de l'ordre légal; dont toutes les ressources ont été inutilement épuisées. »

Tout ce code contre-révolutionnaira avait été médité, rédigé dans le plus grand secret ; mais rien n'avait été négligé pour en assurer le succès. Toutes les précautions militaires que les circonstances pouvaient exiger avaient été prises même par avance (1) : On avait préparé les mesures les plus énergiques pour assurer, par la force des baïonnettes, l'exécution des ordonnances, et il paraît même que, pour prendre ces mesures, le président du conseil s'était passé de la participation de ses collègues : ce fut M. de Polignac seul qui confia au duc de Raguse le commandement supérieur des troupes de la 1re division.

Le 25 juillet 1830, jour à jamais mémorable dans nos fastes, furent signées par les six ministres présens au conseil et datées les célèbres ordonnances, œuvre des conspirateurs contre les peuples. A onze du soir de ce même jour, M. Sauvo, rédacteur en chef du *Moniteur*, reçut l'invitation de se rendre chez le garde des sceaux, où se trouvait alors le ministre des finances, M. de Montbel. Le garde des sceaux remit les ordonnances à M. Sauvo, lui dit de les reconnaître et d'en donner reçu. En les feuilletant et en parcourant rapidement ce qu'elles renfermaient, il fut difficile à M. Sauvo de cacher son émotion. *Eh bien!* lui dit M. de Montbel qui avait remarqué son trouble, *eh bien!...* — *Monseigneur*, lui répondit le rédacteur du Moniteur, *que Dieu sauve le roi , que Dieu sauve la France!* Un long silence succéda à ce court et expressif dialogue. Mais lorsque M. Sauvo se leva pour se retirer, M. de Montbel le retint et voulut savoir son opi-

(1) Voyez le texte de ces ordonnances et du rapport qui les précéda.Ces pièces appartiennent à l'histoire du gouvernement dit représentatif en France.
A la suite de ces ordonnances, contre-signées par les six ministres présens à la délibération , il en existait une cinquième qui appelait aux délibérations du conseil d'état plusieurs royalistes éloignés sous le ministère Martignac à cause de l'exagération de leurs opinions : c'étaient MM. De'avau, ancien préfet de police ; de Vaublanc , Dudon , Forbin des Issarts, de Frénilly ; Franchet , ex-directeur-général de la police, de Castel-Bajac, Sirieys-Mayrinhac, Cornet d'Incourt. de Villebois, de Formon, de Conny, etc.
(2) Voyez l'ordre du jour du 20 juillet , transmis confidentiellement aux chefs de corps par le major-général de service, qui était alors le maréchal Marmont.

nion « *Parlez*, lui dit-il, *parlez!* » — « J'ai 57 ans, dit M. Sauvo en se retournant ; j'ai vu toutes les journées de la Révolution, et je me retire avec une profonde terreur des nouvelles commotions. »

Quatre jours après, les coupables ministres de Charles X se cachaient dans les entrailles de la terre pour dérober leur tête à la vindicte publique ; leurs complices s'étaient dispersés comme une vile poussière devant le souffle du peuple ; leurs satellites, honteux et découragés, jetaient leurs armes fratricides. Le trône des rois de France s'était écroulé avec fracas : Charles X et sa famille, errans et poursuivis, entendaient partout la voix tonnante de la révolution leur reprocher le sang précieux qu'ils avaient fait couler ; la légitimité était foulée aux pieds, et la souveraineté du peuple proclamée comme le seul pouvoir légitime. Le peuple français avait reconquis ses droits, sa dignité, sa puissance, ses glorieuses couleurs : il était de nouveau l'arbitre des rois, qui tremblaient en sa présence : il se crut délivré de tous ses ennemis ; il se crut libre, et se livra sans méfiance aux caresses des traîtres : il s'endormit au milieu d'eux.

PARIS. — Imprimerie de BOULÉ et comp., rue Coq-Héron, 3.